U0548972

2019年度浙江省哲学社会科学规划课题：
基于服务主导逻辑的众包平台互动机理与价值共创研究（19NDJC203YB）

Research on Value Co-Creation
and Interaction Mechanism of
CROSS-BORDER
E-COMMERCE
Platform Based on Service Dominant Logic

基于服务主导逻辑的跨境电商平台价值共创与互动机理研究

伍 蓓　李雨霏 ◎著

中国财经出版传媒集团
经济科学出版社
Economic Science Press

图书在版编目（CIP）数据

基于服务主导逻辑的跨境电商平台价值共创与互动机理研究/伍蓓，李雨霏著．—北京：经济科学出版社，2021.11

ISBN 978 - 7 - 5218 - 3143 - 6

Ⅰ.①基⋯　Ⅱ.①伍⋯②李⋯　Ⅲ.①电子商务 - 经营管理　Ⅳ.①F713.365.1

中国版本图书馆 CIP 数据核字（2021）第 249243 号

责任编辑：刘　丽
责任校对：王京宁
责任印制：范　艳

基于服务主导逻辑的跨境电商平台价值共创与互动机理研究

伍　蓓　李雨霏　著

经济科学出版社出版、发行　新华书店经销
社址：北京市海淀区阜成路甲 28 号　邮编：100142
总编部电话：010 - 88191217　发行部电话：010 - 88191522
网址：www.esp.com.cn
电子邮箱：esp@esp.com.cn
天猫网店：经济科学出版社旗舰店
网址：http://jjkxcbs.tmall.com
北京季蜂印刷有限公司印装
710×1000　16 开　9.5 印张　110000 字
2021 年 11 月第 1 版　2021 年 11 月第 1 次印刷
ISBN 978 - 7 - 5218 - 3143 - 6　定价：58.00 元
（图书出现印装问题，本社负责调换。电话：010 - 88191510）
（版权所有　侵权必究　打击盗版　举报热线：010 - 88191661
QQ：2242791300　营销中心电话：010 - 88191537
电子邮箱：dbts@esp.com.cn）

前言

随着信息技术、物联网、5G、人工智能等技术加速融合，数字经济进入人们生活的各个方面，并成为驱动我国经济高质量发展的关键力量。2020年，我国数字经济规模达到39.2万亿元，占GDP比重为38.6%，位居世界第二。2020年底，我国网民规模达到9.89亿，互联网普及率为70.4%。"十四五"期间，国家加强关键数字技术创新应用，加快推动数字产业化、推进产业数字化转型，打造数字经济新优势。2021年9月26日，世界互联网大会乌镇峰会开幕，习近平主席发来贺信，强调："中国愿同世界各国一道，共同担起为人类谋进步的历史责任，激发数字经济活力，增强数字政府效能，优化数字社会环境，构建数字合作格局，筑牢数字安全屏障，让数字文明造福各国人民，推动构建人类命运共同体。"

2020年新冠肺炎疫情全球暴发，线下渠道采购受传统贸易不畅的影响，转向利用电子商务采购，全球加速迈向贸易数字化时代。贸易数字化成为未来贸易的新模式、新动能和新引擎，跨境电子商务作为贸易数字化的核心部分，正积极助力国内国外双循环，推动全球经济复苏。统计显示，2016~2020年，全国电子商务交易额从26.10万亿元增长到37.21万亿元，年均增长率达9.3%。其中，全国网上零售额从5.16万亿元增长到11.76万亿元，年均增长率达到22.9%；跨境电商5年增长近10倍，2020年跨境电商进出口规模达1.69万亿元，增长31.1%。海关总署2021年10月18日新闻发布会公布前三季度我国货物进出口总值为28.33万亿元人民币，比去年同期增长22.7%，占社会消费品零售总额比重达23.6%，占比稳步提升。跨境电商发展也在积极推进，全国跨境电商综合试验区扩容至105个，海外仓的数量和规模进一步扩大，目前海外仓数量达1900个，面积达到1350万平方米。电子商务已经成为拉动消费的"助推器"和"加速器"，并有力促进了电子商务融合创新发展，农业、制造业、传统零售业数字化升级不断加速，社交电商、直播电商等新模式快速应用。同时，跨境电商等新业态的发展，也培育了我国参与国际经济合作和竞争的新优势。

基于长期跨境电商企业的调研实践，国内跨境电商平台的崛起和日益强大，需要从理论层面探究平台上各交易主体之间的互动行为，从而能更好地服务用户、供应商、企业等多元主体，达到价值共创！知识经济和服务经济为主导的新经济形态兴起让企业产生了巨大的变化。激烈的竞争格局中，已经有敏锐的市场主体寻找到有效的突围办法——价值共创，即让消费者和企业共同创造产品，为双方带来"1+1>2"的价值。平台是联结、桥接、媒合多元主体的活动载体；共享是平台资源的充分运用、多元主体间的互动；价值共创是平台上多元主体之间的实用价值和享乐价值共创。因此，价值共创是未来企业转型升级的必由之路，是企业从低阶段的生产向高阶段的价值共创迈进的重要方向。

本书聚焦跨境电商平台企业，围绕"互动如何影响价值共创"这个中心问题进行研究，探究平台企业多元主体价值共创的机理，主要解答三个问题：一是多元主体的线上互动与线下互动对价值共创影响的差异性；二是顾客融入行为主要体现和对价值共创的影响；三是跨境电商平台上多元主体的互动对价值共创的影响机理。通过大样本的实证调查和企业案例分析，得出以下结论：①线上互动的同步性、可控性、交互性均对价值共创有正向作用，线下互动的双向交流、共同解决对价值共创有正向作用，顾客参与对价值共创无影响。线上互动的影响大于线下互动。②顾客融入行为主要体现在合作行为、反馈行为和推荐行为三方面，合作和推荐行为对价值共创的影响更大。③构建了"互动—顾客融入行为—价值共创"模型，揭示互动对价值共创影响机理。

本书是对服务主导逻辑下的价值共创理论研究与实践的总结和探索。在本书的撰写过程中，得到国内外学者、企业家的关心和指点以及研究团队俞滢滢、金明寒硕士对文献综述、参考文献的整理与撰写，在此表示衷心的感谢！

2021年商务部印发的《"十四五"商务发展规划》中提出，着眼推进市场相通、产业相融、创新相促、规则相联，从畅通国内大循环、促进国内国际双循环、推动高水平对外开放、加快数字化发展、推进绿色发展五个方面，积极支持跨境电商、海外仓、市场采购、离岸贸易等外贸新业态新模式的发展。在此背景下，持续开展跨境电商平台的互动与价值共创理论研究及推广应用具有重要意义。我和我的团队将深入研究与完善本书提出的理论，并基于中国跨境电商企业不断改进，后续研究将在数字赋能、柔性供应链、数字供应链治理等方面持续探索，为打造更多的创新型跨境电商企业、建设中国电商、实现中华民族的伟大复兴和共同富裕作出更大的贡献！

伍蓓

2021 年 10 月

目 录

第1章 绪论 ··· 1
  1.1 数字经济 ·· 1
  1.2 双循环新发展格局 ·· 4
  1.3 跨境电商构建外贸新格局 ······································ 9
  1.4 跨境电商浙江模式 ·· 12

第2章 理论基础 ··· 17
  2.1 服务主导逻辑 ··· 17
    2.1.1 服务主导逻辑理论渊源 ································· 17
    2.1.2 服务主导逻辑内涵与演进 ······························ 18
    2.1.3 服务主导逻辑的假设 ···································· 20
  2.2 价值共创 ··· 22
    2.2.1 价值共创的内涵 ··· 22
    2.2.2 价值共创的研究现状 ···································· 23
  2.3 互动 ··· 27
    2.3.1 互动的概念界定 ··· 28

    2.3.2 互动的维度结构 …………………………………… 30
    2.3.3 互动的研究现状 …………………………………… 31
    2.3.4 顾客融入行为 ……………………………………… 33

第3章 概念模型与研究假设 …………………………………… 41

  3.1 研究变量的界定与测量 ………………………………… 41
    3.1.1 线上互动的维度结构 ………………………………… 41
    3.1.2 线下互动的维度结构 ………………………………… 42
    3.1.3 顾客融入行为的维度结构 …………………………… 43
    3.1.4 价值共创的维度结构 ………………………………… 44
  3.2 价值共创模型研究的理论假设 ………………………… 45
    3.2.1 线上互动与价值共创的关系 ………………………… 45
    3.2.2 线上互动与顾客融入行为的关系 …………………… 46
    3.2.3 顾客融入行为与价值共创的关系 …………………… 47
    3.2.4 线下互动与价值共创的关系 ………………………… 48
    3.2.5 线下互动与顾客融入行为的关系 …………………… 49
  3.3 研究模型 ………………………………………………… 50

第4章 实证研究 …………………………………………………… 54

  4.1 研究方法 ………………………………………………… 54
    4.1.1 问卷设计 ……………………………………………… 54
    4.1.2 数据收集 ……………………………………………… 55
  4.2 数据统计分析 …………………………………………… 57
    4.2.1 样本描述统计 ………………………………………… 58

4.2.2　信度与效度检验分析 ·· 61
　4.3　回归分析 ··· 73
　　　4.3.1　相关分析 ·· 73
　　　4.3.2　互动对价值共创的影响 ··· 75
　　　4.3.3　互动对顾客融入行为的影响 ·· 79
　　　4.3.4　顾客融入行为对价值共创的影响 ····································· 85
　4.4　结构方程模型检验 ·· 88
　　　4.4.1　初始数据分析 ·· 88
　　　4.4.2　线上互动初始模型构建 ··· 89
　　　4.4.3　线上互动模型的修正与确定 ·· 90
　　　4.4.4　线下互动模型构建 ··· 94
　4.5　研究结果分析 ·· 96
　　　4.5.1　线上互动与线下互动对价值共创影响的差异性 ············· 96
　　　4.5.2　顾客融入行为对价值共创的作用机制 ···························· 97
　　　4.5.3　互动对融入行为的作用机制 ·· 98

第5章　案例研究 ·· 104
　5.1　案例企业选择 ·· 104
　5.2　数据收集 ··· 105
　5.3　案例简介 ··· 106
　5.4　互动和价值共创 ·· 107
　　　5.4.1　线上互动 ·· 107
　　　5.4.2　线下互动 ·· 109
　　　5.4.3　线上、线下互动 ·· 110

5.5 价值共创模型 ·· 111

第 6 章 结论与展望 ·· 112
  6.1 研究结论 ·· 112
  6.2 理论贡献和创新点 ································ 114
  6.3 研究局限和未来展望 ······························ 116

附录　调查问卷 ·· 118
参考文献 ·· 123

第 1 章 绪 论

1.1 数字经济

当今世界,科技革命和产业变革日新月异,数字经济蓬勃发展,深刻改变着人类生产生活方式,对各国经济社会发展、全球治理体系、人类文明进程影响深远。根据 2016 年 9 月 G20 杭州峰会通过的《二十国集团数字经济发展与合作倡议》中可知,数字经济是指以使用数字化的知识和信息作为关键生产要素、以现代信息网络作为重要载体、以信息通信技术的有效使用作为效率提升和经济结构优化的重要推动力的一系列经济活动。毫无疑问,数字经济已经成为全球经济发展最重要的引擎,也是国家的核心竞争力之一。无论是美国、日本、德国等发达国家,还是中国、印度等发展中国家,都把发展数字经济列为国家经济发展重要战略,并在设施建设、技术创新、产业应用及治理等方面采取一系列推进举措。

一个国家的数字经济竞争力取决于数字产业、数字创新、数字设施和数字治理这四个方面的竞争力及其相互作用。根据数据显示，当前数字经济发展格局中，美国处于绝对优势地位，且其在数字产业、数字创新、数字设施、数字治理四个分项指标上相对于其他国家均保持了十分显著的领先优势；中国数字产业动能强劲，其竞争力水平位居世界前列，但其余三个分项指标与美国差距较大，但与上一年相比，二者之间的差距呈缩小态势；此外，各国数字经济竞争力排名变动较为剧烈，表明在数字经济领域各个国家之间存在较为激烈的竞争。

近年来，数字经济在我国经济活动中表现出较强经济活力。根据2021年中国信息通信研究院发布的《中国数字经济发展白皮书》数据显示，2020年产业数字化规模达31.7万亿元，占GDP比重为31.2%，同比名义增长10.3%，占数字经济比重由2015年的74.3%提升至2020年的80.9%，其中农业、工业、服务业数字经济渗透率分别为8.9%、21.0%和40.7%，同比分别增长0.7个、1.6个和2.9个百分点，产业数字化转型为数字经济发展提供广阔空间，为数字经济持续健康发展输出强劲动力。

数字经济是大势所趋，蓬勃发展的数字经济深刻改变着人类的生产生活方式。当前，新一代网络信息技术不断创新突破，数字化、网络化、智能化深入发展，世界经济加快了向数字化转型的脚步。数字经济已成为世界主要国家争相布局的新高地，我国也第一次将数字化发展单独成章，写入"十四五"规划，数字产业化、产业数字化、数字化治理和数字价值化的数字经济"四化"框架正成为我国经济增长的新引擎。截至2021年6月，中国网民规模达10.11亿，互联网普及率达到71.6%。

微软、苹果、亚马逊、腾讯和阿里巴巴等超级数字平台在世界经济中扮演着越来越重要的角色。中国作为世界网络大国和数字经济大国,更加重视发展数字经济,在创新、协调、绿色、开放、共享的新发展理念指引下,正积极推进数字产业化、产业数字化,引导数字经济和实体经济深度融合,推动经济高质量发展。面向未来,一方面,要在数字产业化、产业数字化的进程中,创造和拥抱新模式、新业态,将数字经济真正打造成为经济高质量发展新引擎;另一方面,尤其要注重数字经济持续健康发展,让这个新引擎能够持续输出强劲动力,发挥好驱动作用。[①]

2020年新冠肺炎疫情肆虐,中国成为全球唯一实现经济正增长的主要经济体。这其中,数字化发展是重要推动因素之一,数字产业化和产业数字化两个进程相互促进。专家报告对汽车、高科技、媒体、消费品、零售、金融等领域的产业数字化领军企业进行深度剖析之后,发现了中国特色平台模式这一成功"秘诀",并对平台模式特色、背后原因及参与方式进行了分析解读。未来,在产业数字化发展进程中,平台模式提供的领先技术、供需资源、流动数据和运营能力将扮演越来越重要的作用。

2021年世界互联网大会乌镇峰会期间,中国网络空间研究院发布《世界互联网发展报告2021》《中国互联网发展报告2021》蓝皮书显示,新一轮科技革命和产业变革加速推进,数字创新技术实现多点突破,数字经济成为世界各国应对新冠肺炎疫情冲击、加快经济社会转型的重要选择。《中国互联网发展报告2021》指出,2020年中国数字经济规模达到39.2万亿元,占GDP比重达38.6%,保持9.7%的增长

[①] 余建斌. 数字经济,高质量发展新引擎[N]. 人民日报,2019-10-21(5).

速度，成为稳定经济增长的关键动力。

数字经济是继农业经济、工业经济之后的主要经济形态，数字化转型正在驱动生产方式、生活方式和治理方式发生深刻变革，对世界经济、政治和科技格局产生深远影响。面对新一轮全球产业变革，数字经济成为重塑世界经济重要引擎。在中国，数字经济更成为经济增长的重要动力之一。"十四五"规划和2035年远景目标纲要提出，充分发挥海量数据和丰富应用场景优势，促进数字技术与实体经济深度融合，赋能传统产业转型升级，催生新产业新业态新模式，壮大经济发展新引擎。

1.2 双循环新发展格局

中国经济发展进入新常态后，经济增速逐渐放缓，以习近平同志为核心的党中央以提高经济发展质量为目标，提出了"创新、协调、绿色、开放、共享"的新发展理念，持续推进供给侧结构性改革，提升供给体系质量和效率，发挥市场在资源配置中的决定性作用。党的十九大报告正式提出，"我国经济已由高速增长阶段转向高质量发展阶段"。这标志着我国所处的发展阶段已经逐渐从模仿和追赶阶段，走向自主创新和引领阶段。党的十九届五中全会明确提出我国要"加快构建以国内大循环为主体、国内国际双循环相互促进的新发展格局"。这是我国进入新发展阶段后面对复杂多变的国内外形势作出的重大战略选择。让中国市场成为世界的市场、共享的市场和大家的市场，坚定不移地实施更大范围、更宽领域和更深层次的对外开放，既从世界汲取发展动力,也让中国更好发展惠及世界。构建新发展格局是党中央立足长远发展大势和基于我国比较优势变化,为把握战略主动而采取的"先手棋"。超大规模的国内市场决定了我们要更重视国内大循环,我国已经拥有全球最大的制造产能和全球最具潜力的大市场,这是我们构建新发展格局的坚实底气;国内国际双循环相互促进,要求国内国际双循环在战略上相互均衡,机制上顺畅连接,以达成两个大循环之间充分互动和双向赋能。

正确认识"双循环"新发展格局主要可分为以下三点。

(1)"双循环"新发展格局既不同于新中国成立初期的自力更生为主的内循环发展模式,也不同于改革开放以来"两头在外"的"双循环"发展模式。当前,我国提出的以内循环为主体、国内国际双循环相互促进的新发展格局,是在全球疫情蔓延、中国经济结构调整和世界经济下行压力加大的背景下,世界经济模式重构,中国经济关系中的生产、分配、交换和消费受阻,为了解决中国经济发展中的梗阻问题,为了畅通国民经济循环为主而构建的一种新发展格局,这种国内国际"双循环"的重点在于畅通国内的经济循环。同时,要以高水平对外开放打造国际合作和竞争新优势,这是站在"两个一百年"奋斗目标历史交汇点上,中国经济新发展阶段下的发展战略选择。

(2)"双循环"新发展格局既不是走封闭僵化之路,也不是缩小对外开放的大门。党中央提出的以国内大循环为主体、国内国际双循环相互促进的新发展格局,是在经济发展新阶段背景下的产物,其主要目的在于以科技创新催生新发展动能,以深化改革激发新发展活力。新时代,中国特色社会主义经济建设的主要特征在于经济高质量发展,这就需要在新发展理念的引导下,走创新驱动发展之路,走全面深化改革不停步之路。中国经济发展到今天，科技创新这个短板需要补上，核心技术买不来，只能靠自己，就这个意义而言，畅通国民经济大循环作为重点，自力更生搞科技创新是当务之急。但是，我们不能错误地认为由于疫情原因，经济全球化受阻，中国开放的大门可以开得小一点，也不能盲目地判断，由于以美国为首的少数几个国家对中国的经济、贸易、技术等方面的干预和打压，中国就要退回到冷战时期形成两边对立。当今世界是多元化的，合作是多方面的，中国经济已经融入全球化进程之中，我国经济发展更加需要国际分工带来的好处和便利，我们开放的大门将会越来越大，一个开放、包容的中国才能更好地在世界立足，一个互利共赢的时代也离不开中国的参与。

（3）要抓住当前我国经济社会发展中的关键和枢纽来判断新发展格局。党的十九大报告作出的一个重大判断就是我国社会主要矛盾已经转化为人民日益增长的美好生活需要和不平衡不充分的发展之间的矛盾，这是我们认识当前中国经济社会发展的"枢纽"。要抓住这个主要矛盾来认识经济社会发展的格局，着力解决发展中存在的问题，特别是一些短板突出的领域，例如科技、教育、医疗、收入差别、国企改革等问题，只有重点抓住主要矛盾的主要方面，才能提出有效的发展格局与发展战略。

2020年8月24日，习近平总书记在经济社会领域专家座谈会上第一次将"加快形成以国内大循环为主体、国内国际双循环相互促进的新发展格局理论"列入改革开放以来，"不仅有力指导了我国经济发展实践，而且开拓了马克思主义政治经济学新境界"的系列理论之一。这是党中央顺应时代要求所作出的战略深化和战略再定位，是我国步入高质量发展阶段、解决新时期面临的各种中长期问题的重要战略举措。

新发展格局是基于新时代中国顺应当前国内国际形势进入一个新发展阶段而作出的一个重要战略抉择。从国际形势来看，伴随着中国经济实力的增强，中国在国际政治舞台上地位的提升，在科技、文化、军事和外交等各方面的全面发展，使得以美国为代表的部分西方发达国家对华采取打压举措，特别是在科技领域的"卡脖子"难题方面。这表明在今后相当长的一段时间内，逆全球化、民族主义、单边主义将会成为一种常态，国际经济政治新秩序有待重构。新冠肺炎疫情暴发和蔓延是这次发展战略调整的导火线。由于疫情暴发并在全球蔓延，世界经济遭受重创，经济全球化和产业供需体系受到极大打击，各国在思考未来发展的同时不得不重新思考新的发展模式，而外循环的发展模式受到挑战，也面临着极大的不确定性。因此，"双循环"新发展格局成为一种新选择。

从国内形势来看，高质量的经济发展是新时代中国经济发展的鲜明特征。新矛盾、新问题、新任务的产生，意味着过去的发展战略和模式需要重新定位和调整。

首先，中国经济增长的新旧动能转换，从投资驱动、要素驱动转向创新驱动。改革开放以来，我国经济发展从最初的主要依靠低成本的劳动力、依靠要素投入的粗放式增长，依靠出口导向的外向型经济模式来发展经济的动力不足，当前经济增长要更多依靠科技进步和创新驱动，从投资驱动向消费驱动转变，从人口红利向人才红利转变。

其次，内需消费驱动力明显。近几年来，消费对 GDP 增长贡献率平均超过 60%。14 亿多人口，人均 GDP 超过 1 万美元，人均可支配收入超过 3 万元，4 亿多中等收入群体，中国的内需和消费日益成为中国经济增长的坚实保障，消费升级将带来产业升级，医疗、文化教育、旅游、信息消费等第三产业和新兴经济领域的发展，将日益成为中国经济增长的新动能。中国潜在的巨大市场和经济发展，也为世界经济发展带来机遇。

再次，中国社会主要矛盾的变化使我们更加认识到解决矛盾的关键在于解决中国发展的不平衡不充分问题。乡村振兴和城乡一体化是中国未来发展的机遇。此外，供给侧结构性改革仍然是我国发展过程中的长期任务。经济发展要更加依靠自身的生产、分配、交换和消费的内循环来推动。

最后，中国对外开放的大门永远不会关上。目前，中国外向型发展战略转型已经取得了良好的效果。一是外贸依存度从2006年的63%下降到2019年的33%，下降了30多个百分点；二是贸易顺差从最高的9.7%下降到今年以来的2%~3%；三是加工贸易比重大幅度下降、劳动密集型产品占比大幅度下降、出口国集中度大幅度下降等。这些都表明构建以国内大循环为主体、国内国际双循环相互促进的新发展格局是党中央的科学判断和正确战略抉择。

构建新发展格局，是顺应我国发展新阶段、重塑我国国际合作和竞争新优势的战略抉择；构建新发展格局，既是对当今世界历经百年未有之大变局的有力回应，也是遵循大国经济发展的必然规律；构建新发展格局，是从全面建设社会主义现代化国家的战略层面作出的全局性、系统性和深层次的重大改革；构建新发展格局，是由过去20年出口主导的经济体系，向经济自立自足、科技自立自强发展模式的重大转型。

1.3 跨境电商构建外贸新格局

跨境电商是双循环新格局的国际合作形式中很重要的一部分，它正日益成为经济新常态下中国外贸增长的新引擎，对中国经济发展的贡献与日俱增。跨境电商是互联网时代发展最为迅速的贸易方式，能够突破时空限制，减少中间环节，解决供需双方信息不对称问题，为更多国家、企业、群体提供发展新机遇，这也体现了贸易的包容性发展。跨境电商产业的迅速发展得益于三个层面：首先，跨境物流、跨境支付和跨境通关等产业配套的成熟奠定了行业发展的基石。特别是互联网基础设施的完善和全球性物流网络的构建交易规模日益扩大，使跨境电商正成长为推动中国外贸增长的新动能。其次，作为新兴业态，跨境电商在政策的扶持下得以快速发展。"一带一路"建设的推进，促进了我国与沿线国家的商贸交流。据公开数据显示，近六年来，中国同150多个国家和国际组织签署共建"一带一路"合作协议。一大批互联互通项目成功落地，中国同共建"一带一路"国家的贸易总额已经超过6万亿美元，投资超过800亿美元。另外，进博会的举行推动了跨境电商和国际品牌加强互利共赢。而《中华人民共和国外商投资法》的表决通过，也为跨境电商带来新的发展机遇。最后，国内顾客消费升级，对跨境商品的诉求增加。随着经济和社会的快速发展，中国的中产阶层得到快速发展，"品质消费"逐渐成为主流消费观，并影响到了各行各业。

为加快培育跨境电商产业，进一步促进外贸稳定增长，推动我国经济的健康发展，国务院及国家相关部委先后启动了跨境电商领域试点的相关工作。2012 年，国务院批准杭州、郑州、宁波、上海、重庆 5 个城市作为首批跨境贸易电子商务试点城市；2015 年，在 5 个试点城市基础上，国务院同意设立中国（杭州）跨境电商综合试验区；2016 年，国务院同意在天津、上海、重庆、合肥、郑州、广州、成都、大连、宁波、青岛、深圳、苏州这 12 个城市新设一批跨境电子商务综合试验区，力图推动全国跨境电商健康发展；2018 年，国务院常务会议决定进一步扩大试点范围，在北京、呼和浩特等 22 个城市新设一批跨境电子商务综合试验区，这也标志跨境电商这一新兴外贸模式得到国家层面的高度认可。为助力跨境电商的稳步发展和产业升级，国家层面更是进一步出台了一系列政策文件，2020 年 3 月，海关总署发布《关于跨境电子商务零售进口商品退货有关监管事宜公告》，对跨境电商零售进口商品退货监管进行了进一步优化；2020 年 4 月，国务院决定新设 46 个跨境电商综合试验区，加上已经批准的 59 个，全国将拥有 105 个跨境电商综合试验区，已经覆盖了 30 个省（区、市），形成了陆海内外联动、东西双向互济的发展格局；2020 年 5 月，国家外汇管理局发布《关于支持贸易新业态发展的通知》。据海关总署 2021 年 4 月 13 日发布数据显示，今年一季度我国跨境电商进出口金额为 4195 亿元，同比增长 46.5%，其中出口 2808 亿元，增长 69.3%；进口 1387 亿元，增长 15.1%。未来，随着数字经济、双边贸易和区域贸易等因素的持续推动，预计跨境电商行业将迎来更快的发展势头，跨境电商服务类型、产品维度也将向中高端进一步发展，而云计算、大数据等应用的加快，有助于跨境电商服务向高质量、国际化和高水平阶段迈进。

第1章 绪　　论

2020年新冠肺炎疫情的暴发，给我国外贸带来了严峻的挑战。但与此同时，跨境电商释放出了巨大发展潜力。2020年4月10日，商务部部长助理任鸿斌例行新闻发布会上表示："当前，传统外贸受到疫情严重的冲击，需要进一步发挥跨境电商独特的优势，开展在线营销，实现在线交易，保订单、保市场、保份额，以新业态新模式助力外贸攻坚克难。"随着疫情在全球蔓延，传统线下渠道受阻，线上采购需求却不断增长，跨境电商优势得以发挥。疫情期间，跨境电商成为我国外贸发展的重要渠道，充分显示了跨境电商作为新业态对外贸创新发展的引领作用。对防疫物资等海内外消费者急需产品而言，跨境电商平台提供了快速便捷购买渠道，实现了高效快速的全球供需匹配。疫情暴发之初，面对国内防疫物资严重不足，无论国内跨境电商企业，还是外资跨境电商企业，纷纷在跨境电子商务公共服务平台积极响应，有力协助跨境电商市场主体及线下园区，全力保障口岸防疫物资通过跨境电商进境，满足了社会需求。跨境电商企业近年来形成的集采渠道优势在进出口物资采购、端到端配送等方面得到了有力发挥，开创了防疫物资"全球集采—定点直送"模式。在一定程度上，跨境电商提升了我国外贸的全球供应链集采能力。跨境电商企业开拓国际市场新模式，在疫情期间发挥了不可替代的积极作用。随着疫情在全球蔓延，国际市场需求明显萎缩，我国企业原有出口订单短期内被大量取消。在这种情况下，我国部分企业出口开始从线下转向线上，纷纷从事跨境电商出口，一方面通过跨境电商平台积极寻找新的企业客户；另一方面直接开展零售业务，有效开辟了新业务、新市场。跨境电商物流和海外仓成为"稳外贸"的重要支撑。此次疫情对物流配送形成了直接挑战，我国跨境电商物流企业通过包机、海外仓存储发货等多种方式，保证了跨境电商货品及时送达。

1.4　跨境电商浙江模式

经济的发展离不开政府的支持，双循环的新发展格局赋予了国内市场和扩大内需前所未有的地位，更赋予了开放型经济新的内涵。浙江省委书记袁家军也对此提出，浙江要认真思考和回答 10 大新课题，努力交出 10 大高分报表，其中就包括了"世界进入变革期后，如何开好顶风船，率先打造国内大循环的战略节点，国内国际双循环的战略枢纽"。要率先畅通双循环、构建新格局，立足浙江特色加快形成新发展格局下的国际竞争与合作新优势主要有三个方面：一是坚持问题导向，通过系统性、深层次的改革破题，率先破解循环中流通消费领域的难题和堵点；二是坚持内外统筹，通过架构性、体系化的战略布局，率先形成双循环的支柱和桥梁；三是坚持以变应变，通过创新性、引领性的优势培育，率先形成浙江双循环的动力来源。

浙江省跨境电商发展总体水平居于全国前列，率先实现了跨境电商综试区省域基本覆盖。杭州、宁波、义乌综试区建设亮点突出；温州、绍兴、湖州等第四批和第五批综试区基本框架已经成型，成效初步显现。2021 年 6 月，浙江省政府办公厅率先发布《浙江跨境电子商务高质量发展行动计划》（以下简称《行动计划》）。《行动计划》坚持既立足浙江实际又对标全国全球，坚持问题导向和目标导向，坚持全面谋划和突出重点，聚焦突出问题和明显短板，回应企业诉求和期盼，有利于把各项工作抓实抓细，推进浙江省跨境电商高质量发展。《行动计划》提出"335"发展目标,围绕"五新三化"展开,制定了9个方面22条举措。其中:五新即新渠道、新主体、新品牌、新队伍和新空间;三化即跨境电商供应链智慧化、贸易便利化和服务优质化。"335"专项行动的目标:主要是指用3年时间,实现跨境电商年均增长30%以上,跨境电商占消费品进出口30%左右;"5"由5个方面构成,即完成跨境电商年度进出口5千亿,培育和引进5家以上年销售规模超百亿元的跨境电商平台,打造50家以上年销售规模超十亿元的标杆企业,培育500家以上年销售规模超亿元的"金牌卖家",新增5万家以上出口活跃网店。

近年来,浙江跨境电子商务的发展呈现出"体量稳步增大,发展逐渐集聚,配套逐渐完善,氛围趋于良好"的特征。

首先,市场规模稳步扩大。根据浙江省商务厅数据统计,2021年1月至8月,浙江全省跨境网络零售额达801.7亿元,同比增长25.7%,其中出口额577.0亿元,同比增长21.9%。据不完全统计,截至2021年6月,浙江省出口活跃网店达到14.1万家。同时,一大批跨境电商龙头企业也纷纷集聚到浙江,如杭州以阿里巴巴为龙头,吸引了敦煌网、大龙网一大批跨境电商龙头企业落户;宁波市也引进了网易考拉、京东全球购等一批知名跨境电商企业;湖州市加快香港普泰集团、唯品会等跨境电商大项目的引进和落地工作。

其次,发展呈现集聚化趋势。各地跨境电商的发展与本地产业开始融合发展,在产业集群的带动下已开始出现集聚化趋势,自发性地或在政府引导下出现一批跨境电商园等集聚化平台。浙江电商综合试验区达10个,设区市覆盖率位居全国第一。省商务厅积极推动赋予综合试验区更多的改革自主权,累计出台了三批共113条制度创新清单。

浙江省相继出台涉及跨境电商的政策有35个，对加速发展跨境电商新业态，推动浙江自贸区产业转型进行精心部署，赋予跨境电商新业态创新探索的高度自主权。截至2020年年底，浙江省跨境电商出口活跃网店在主要第三方平台上（eBay、Amazon、Wish等平台）突破11.8万家，占全省所有网络零售注册网店总数的8.1%。杭州市跨境出口网店达26050家，培育1000万美元以上跨境电商大卖家100家，累计跨境电商品牌已达200多个。杭州市共15个跨境电商产业带头部企业上线，形成了临安、西湖、江干、下沙、空港、萧山、拱墅、余杭、富阳、建德、桐庐、下城跨贸、邮政速递这13个线下园区数字化转型。

再次，配套支撑体系日渐完善。与跨境电子商务息息相关的物流、专业服务商等配套支撑体系也随着跨境电商的发展日趋完善，并对跨境电商的发展提供正向助力，形成了"互相促进，共同发展"的良好态势。在物流方面，以海外仓、物流专线等为代表的新型物流业态正在出现。根据商务部数据显示，2020年跨境电商进出口规模达1.69万亿，增长31.1%，海外仓数量1800个，面积1200万平方米，分别增长80%和50%。商务部2021年9月2日新闻发布会上透露，作为跨境电商重要的境外节点，目前我国海外仓数量已经超过1900个，总面积超过1350万平方米，业务范围辐射全球，其中北美、欧洲、亚洲等地区海外仓数量占比近90%。由商务部牵头，会同中央网信办、国家发展改革委共同编制的《"十四五"电子商务发展规划》将于近期正式出台，倡导开放共赢，支持跨境电商和海外仓发展是"十四五"期间商务部门要重点做好的八方面工作之一。

据统计，浙江省在全球布局了1827个海外仓，累计面积超过1200万平方米，覆盖美国、日本、俄罗斯、德国、匈牙利等主要跨境电商出口国家。在近日完成公示的2021年度浙江省13家公共海外仓名单中，宁波独占7个，为宁波制造乃至浙江制造货通全球提供强大的推动力。在专业服务商方面，出现了一批外贸一站式服务平台，可以为中小企业提供融资、通关、退税等一条龙服务，大大提升了跨境电商企业的效率。

最后，跨境电商发展氛围良好。浙江各地各部门积极探索适应跨境电商发展的新型监管服务体系，特别是海关、检疫、国税、外汇等部门积极推进监管流程再造，实现了跨境电商业务模式新的突破。2015年3月7日，中国（杭州）跨境电子商务综合实验区批复成立，是国家在跨境电子商务领域的先行先试区，承载制度创新、稳增长转型、服务"一带一路"建设、探索制定贸易新规则、推进大众创业、万众创新等国家使命和责任。2016年1月、2017年9月，国务院常务会议先后两次向全国范围复制推广以"六体系、两平台"为核心的经验做法，跨境电商"杭州经验"得到国家的充分肯定和认可。

杭州综试区着力在跨境电子商务交易、支付、物流、通关、退税、结汇等环节的技术标准、业务流程、监管模式和信息化建设等方面先试先行，通过制度创新、管理创新、服务创新和协同发展，破解跨境电子商务发展中的深层次矛盾和体制性难题，打破跨境电子商务完整的产业链和生态链，逐渐形成一套适应和引领全球跨境电子商务的管理制度与规则，为推动全国跨境电子商务健康发展提供可复制、可推广的经验。

除杭州以外，各地政府对发展跨境电商也都高度重视，宁波已被列为第二批跨境电商综试区试点城市，义乌申报省级跨境电商创新发展示范区；绍兴、金华、丽水也都制定出台了推进跨境电商的发展规划，全省加快跨境电商发展的氛围日益浓厚。

作为电子商务起源和数字经济第一城，浙江（杭州）在电子商务发展方面的地位不言而喻。从跨境电商综合试验区试点来看，杭州作为首个跨境电商综合试验区，通过制度创新、管理创新、服务创新和协同发展，先后出台了近百条制度创新清单，逐步探索并形成以"单一窗口"为核心的"两平台六体系"模式。其中，"单一窗口+综合园区"两平台共同发力，加速跨境电商通关流程，首次实现"一次申报、一次查验、一次放行"；"信息共享+金融服务+智能物流+电商信用+统计监测+风险防控"六体系则连通了跨境电商生态链上的相关监管主体，实现了服务、评价、监管的全面电子化。纵观其整个发展过程，无论是不同发展阶段中的主体角色定位与创新行为，还是创新演化的实现机制，都充分体现出以制度创新、管理创新和服务创新为核心的创新演化过程，时至今日，杭州的发展经验正在被其他跨境电子商务综合测试领域吸收借鉴，再根据实际情况不断创新。

第 2 章 理论基础

2.1 服务主导逻辑

2.1.1 服务主导逻辑理论渊源

为什么不再是传统的"商品""顾客"而是"服务"？为什么学术界将焦点从商品的"交换价值"转移到"使用价值"？经济学、营销学为解释这些问题提供了答案，也为服务主导理论的提出奠定了基础。

经济学为服务主导逻辑重新定义"服务"奠定了基础。近代经济学之父亚当·斯密在《国富论》中解释了劳动分工、货币、利润之间的关系。亚当·斯密认为财富是有型的商品，而非对这些商品的使用。巴斯夏和斯特灵（Bastiat & Stirling，1860）就批评了仅将有型商品看作价值提供者的观点，并指出在市场中是服务的交换。瓦戈和摩根（Vargo & Morgan，2005）重新审视了经济活动、服务以及商品三者之间的关系，19世纪末学者们将经济活动总结成以商品为中心和以服务为中心两种模式。由于巴斯夏和斯特灵（1860）提出的市场是服务与服务的交换，表明了服务在经济学中很早就被学者关注，也为服务主导逻辑对"服务"重新定义奠定了基础。

营销学也同样为服务主导逻辑奠定了基础。最初服务营销是将商品和服务区分开的，拉斯梅尔（Rathmell，1966）将商品和服务用三种形式区分，即租用商品服务、所有商品服务、无商品服务，也有学者指出应该考虑商品、服务背后的逻辑。格伦罗斯（Grönroos，2008）指出应该关注商品与服务之间的关联而不是对两者进行区分。雷克海尔德（Reichheld，1993）在对顾客忠诚度研究中指出每年顾客的保留率增长5%，则到第五年的时利润能增长60%。关系营销中注重信任和承诺，表示企业与顾客之间的关系是一种牢靠的重复交易。企业可以通过增加双方交流来增加满意度，最大限度地实现顾客的价值，我们可以看出这是以服务为中心的关系导向。体验营销为服务主导逻辑中的价值共创奠定了基础。传统意义上将顾客与企业分割开看已经不再适用，价值是由企业与顾客相互之间进行合作共同创造的（Prahalad，2004）。价值创造的关键就是顾客与企业之间的合作程度，在此基础上服务主导逻辑提出将顾客价值的共创者。

2.1.2 服务主导逻辑内涵与演进

服务主导逻辑理论（Service Dominant Logic，SDL）是近年来在市场营销研究领域兴起的一个整合性理论框架。瓦戈和卢施（Vargo & Lusch，2004）首次提出了服务主导逻辑，并将该理论与传统营销领域的商品主导逻辑（Goods Dominant Logic，GDL）进行对比，二者主要的区别是对于"服务"的界定不同。商品主导逻辑下的"服务"是商品的附加产物，而服务主导逻辑则将"服务"定义为运用知识或专业技能实现利益的过程。康斯坦丁和卢施（Constantin & Lusch，1994）将静态的、有型的自然资源定义为对象性资源（operand resources），将动态的、无形的人类知识和技能定义为操作性资源（operant resources）。服务主导逻辑是由于针对这两种资源的侧重点不同而提出的，形成了两种形式的市场经济活动，即服务主导逻辑和商品主导逻辑。普拉哈拉德（Prahalad，2004）、钟振东和唐守廉（2013）从价值、资源、服务等角度将二者进行了对比（见表 2-1）。

表 2-1　　　　　　　　商品主导逻辑与服务主导逻辑比较

角度	商品主导逻辑	服务主导逻辑
价值驱动	交换价值	使用价值
价值创造者	企业及产业链上的其他伙伴	企业和消费者，企业合作者及利益相关者
价值创造的过程	企业将价值镶嵌在产品上	企业通过市场提出的主张与消费者共同创造价值
所用资源	商品、技术等对象性资源	知识、技能等操作性资源
价值创造方式	由企业自身创造	由企业、消费者、利益相关者共同创造
企业角色	资源配置的主体，价值的创造者	提出价值主张，价值共同创造者
消费者角色	价值消耗者	价值共同创造者
产品角色	镶嵌在对象性资源中，价值的载体	价值传递的媒介
企业与消费者的关系	消费者在交易过程中被动接受企业的产品	企业与消费者共同合作，激励消费者主动参与创造价值

瓦戈和卢施（2007）在营销观念中的商品逻辑与服务逻辑进行了

归纳梳理。通过描述营销学的演变过程提出了"to Market – Market to – Market with"的演变过程。该演变过程主要由三个阶段组成，第一个阶段是从正式的营销思想在 20 世纪初期发展时起，营销是将产品和服务"上市"。20 世纪 30 年代中期美国营销学会将营销定义为指导商品和服务流程从生产者到消费者的一系列商业活动。该阶段主要解决的是有关于市场的功能结构、产品上市等问题。第二个阶段是第二次世界大战后，美国营销市场进入"市场化"的方向，通过研究分析市场和顾客后生产以满足两者需求的产品。第三个阶段就是 21 世纪初，服务主导逻辑主张将客户视为操作性资源，是能够对其他资源采取行动的资源（见图 2 – 1）。客户作为合作伙伴与企业共同创造价值，形成"与市场"的哲学。

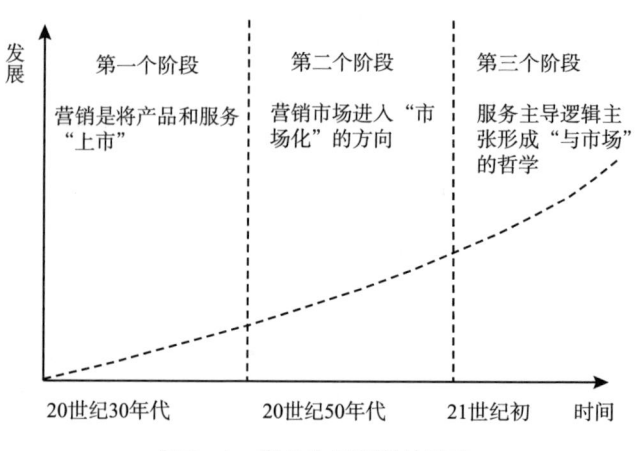

图 2 – 1　服务主导逻辑的演变

2.1.3　服务主导逻辑的假设

瓦戈和卢施（2004）将操作资源置于对象性资源之上，对服务主导逻辑提出了8个基础假设,为服务主导逻辑理论搭建了最初始的理论框架。服务主导逻辑不断得到学者们更多的关注,瓦戈和卢施(2006,2008)又将原假设修正、完善增至10个,形成了比较成熟的服务主导逻辑理论,见表2-2。

表2-2　　　　　　　　　服务主导逻辑的10个假设

假设	内容
假设1	服务是一切经济交易的根本基础
假设2	间接交换掩盖了交换的基本单位
假设3	商品是服务产品的分销机制
假设4	知识是竞争优势的根本来源
假设5	所有经济都是服务经济
假设6	用户是价值的共同创造者
假设7	企业只能提出价值主张,不能传递价值
假设8	服务为中心的观点是用户导向和关系性的
假设9	所有经济活动和社会活动的参与都是资源整合者
假设10	价值总是由受益者独特地用现象学的方法来决定

李雷(2013)将这个命题分为四类,逐级递进地对服务主导逻辑进行理解。假设4作为第一类,探讨了操作性资源与竞争优势这样根本性的问题;假设1、2、3归纳为第二类,着重关注与市场交互机制的问题;假设6、7、10归为第三类,总结了价值共创模式的问题;最后一类是假设5、8、9,将参与价值创造的企业、消费者等描述为"服务生态系统"。根据这四类服务主导逻辑来看,第一类作为研究的基础主要是研究资源、竞争优势的关系的根本问题,体现了操作性资源的基础;第二、三类是研究的重点,探究了市场交易机制与价值共

创模式之间的相互作用关系，最终直观地看到其运营结果，是操作资源观的扩展；第四类则是根据服务主导逻辑将不同参与价值共创的主体和交换空间构造一个"服务生态系统"，也是将操作性资源观向外的延伸，如图 2-2 所示。

```
         ┌─────────────────────────┐
         │   服务生态系统——归宿    │
         │     （假设5、8、9）     │
         └─────────────────────────┘
            ↑                   ↑
┌───────────────────┐   ┌───────────────────┐
│ 市场交易机制——核心│ ⇄ │ 市场共创模式——核心│
│  （假设1、2、3）  │   │  （假设6、7、10） │
└───────────────────┘   └───────────────────┘
            ↑                   ↑
         ┌─────────────────────────┐
         │ 操作性资源与竞争优势——基础│
         │        （假设4）        │
         └─────────────────────────┘
```

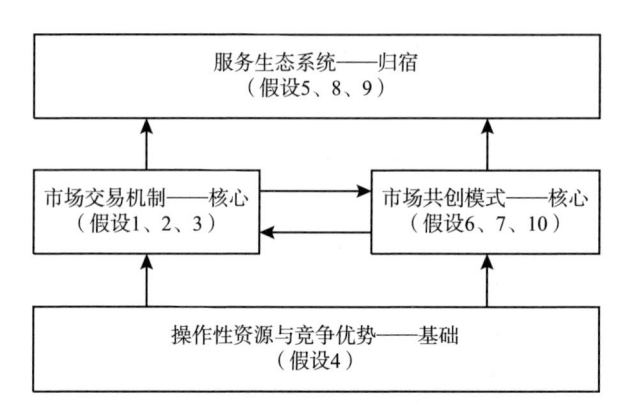

图 2-2　服务主导逻辑的 10 个假设归纳

2.2　价值共创

2.2.1　价值共创的内涵

价值可能是服务营销和管理中最不明确及难以捉摸的概念，从现有的关于服务主导逻辑文献来看，通常将其视为共同创造，因为它强调包含服务提供商和客户（以及可能的其他角色）的操作的过程。21世纪初价值共创（Value Co-Creation）成为学术界关注的一个重要概念，它描述了多个利益相关者之间的协作（Prahalad & Ramaswamy，2000）。价值共创过程中消费者扮演积极的角色，直接或间接地在不同阶段的生产和消费与企业合作共同创造价值（Hoyer et al.，2010；Payne et al.，2008）。参与、互动、自我服务和体验被认为是共同创造价值的重要因素（Bendapudi & Leone，2003）。目前学术界对价值共创概念的认知视角主要有四种（见表2-3）。

表2-3　　　　　　　　　价值共创的四个认知视角

认知视角	学者	对价值共创的理解	理论的出发点
体验的视角	Prahalad	将价值转变为体验，价值共创中的基础互动是创造体验，这也是价值创造关注的核心	竞争战略
服务主导逻辑视角	Vargo & Lusch	消费者作为价值的共同创造者，被视为操作性资源。这种价值不再是以交换为目的，而是由商品使用过程中与生产者或他人互动产生	服务是一切经济的根本基础
顾客主导逻辑的视角	Heinone	顾客日常生活产生价值，在实践中改变产品或服务原有的功能和用途，满足特定情境下的需求，为自己创造价值	价值产生于顾客的日常生活
社会构建理论视角	Edvardsson	价值的意义受社会情境来决定。价值共创是一个社会化视角的概念，受社会结构、社会系统、参与者的角色和定位的影响	社会学

2.2.2　价值共创的研究现状

从21世纪初价值共创理论提出至今，该理论在学术界的应用和企业界的应用均得到国内外学者的广泛关注。价值共创的相关研究中关键词为服务主导逻辑、虚拟品牌社区、体验价值等，主要应用领域为服务领域和管理领域。从已有的文献中对价值共创的研究主要集中在生产领域、服务领域消和消费领域。

1. 生产领域的价值共创研究

汤姆克和冯·希佩尔（Thomke & Von Hippel，2002）研究发现挖掘客户创新可以产生巨大的价值，但是获取价值并不是一个简单的过程。客户接管更多的设计任务，降低了时间成本，也更容易产出客户肯定的产品。国内学者张辉等（2010）和姚山季等（2011）分别对顾客参与新产品研发进行文献综述，从参与的前因、过程、结果和调节因素阐述了顾客参与可正向提升功能和享乐价值。格伦罗斯（2008）根据使用价值概念，将顾客作为价值创造者，从供应商获得资源和流程，以支持的形式创造价值。从根本上说，供应商促使顾客价值的创造，在与客户关系的互动中，供应商与顾客之间联合价值创造。还有学者从价值共同生产的角度进行研究，韦恩等（Wayne et al.，2010）在 B2C 环境下描述了消费者参与共同创造的整体概念框架，阐述在新产品研发过程不同阶段消费者参与的共同创造，即思想、产品开发、商业化和后期发展，并在企业层面分析了消费者参与的共同创造的障碍和积极的共创结果。贝当古（Bettencourt，1997）认为顾客作为公司的促进者、公司服务的共同生产者和组织的顾问，对服务质量作出贡献，提高两者忠诚度、合作和参与。共同生产可解释为建设性客户参与服务的创建和交付过程，阐明它需要对服务过程作出贡献，并指出企业与顾客间影响其共同生产的前置因素。埃特加（Etgar，2008）讨论了共同生产和定制之间的基本联系，指出共同生产是一个动态过程，由五个不同的阶段组成,即发展先决条件;提高消费者参与共同的生产的动机;共同生产成本效益;参与共同生产的效益;产生和结果的评价。

2. 服务领域的价值共创研究

服务领域有关价值共创的文献主要集中在用户参与新服务研发过程、用户参与服务创新两个方面。服务领域的价值共创将顾客与相关服务人员之间互动看作决定性因素。阿拉姆(Alam,2002)在用户参与新服务研发过程中指出服务提供者与顾客积极地互动是服务研发重要的过程并且是新服务成功的关键。董贝贝等(Dong B et al.,2008)在研究中发现一部分客户认为服务公司将其整合到公司"部分员工"的角色,对共同创造的观念特别有价值,并且证明顾客参与服务补救对提升用户满意度起正向作用。卢俊义(2011)在B2B情境下,基于顾客体验的视角探讨了供应商与顾客共同创造价值的整个过程。许明(2008)在探究B2B服务模式中客户参与价值共同创造从直接与间接两个方面阐述了正向作用,即直接作用是提高服务质量、提高用户满意度、降低成本;间接作用是增强核心竞争力、提升品牌价值。简兆权(2012)基于价值网络的视角,以苹果公司作为案例从研发定位、系统运行、成果转化三个阶段,探究了研发服务价值共创模型。

3. 消费领域的价值共创研究

消费领域的价值共创强调用户的体验价值,通过企业与用户之间高频的互动来实现价值共创,创造价值的主体是消费者。由于实际产生价值的分类不同,归纳为由消费者单独创造价值、消费者与企业共同创造价值两个方面。

（1）消费者或消费者之间互动创造价值。消费者单独创造价值是指消费者在使用商品或接受服务时的体验价值的共同创造，该过程与企业并无直接关系，其价值的主导者是消费者。格伦罗斯（2008）指出供应商不能以价值的使用方式影响顾客的价值创造过程，他们甚至不是价值的共同创造者，而是通过供应商的管理来促进价值，使用户在使用过程中创造出更多的价值。虽然消费是价值的创造者，但其创造价值的基础仍然是由企业提供的商品或服务，因此说到底价值创造者还是需两者合作。

消费者之间互动来共创价值主要集中在品牌社区和虚拟社区的研究中，消费者通过在社区平台上进行互动提升体验价值，最终影响到其对企业的满意度和忠诚度（Schau et al.，2009）。万文海等（2011）在对女子会所的案例研究中发现消费者社群中的互动可以创造体验价值，提升其忠诚度，实现共创价值。绍等（Schau et al.，2009）在对九种品牌社群的研究中，构建了品牌社区集体价值创造的过程模型，该过程由社区参与、社会网络、品牌使用、印象管理四者之间在实践中相辅相成，充分体现社区中消费者的价值创造。徐剑波（2013）在虚拟社区价值共创的实证研究中，分析了互动对价值共创的正向作用，将虚拟社区的价值共创也归纳为体验价值，并指出这样的体验在精神上产生愉悦的过程。

（2）消费者与企业互动的价值共创。此外，在讨论服务主导逻辑时，用户被认为是价值的共同创造者（Vargo & Lusch，2008），从使用价值的概念出发提出价值创造过程中，探讨了顾客的角色，解释了价值共创中所指的价值并不是嵌入在使用产品和服务的价值（交换价值)。拉尼尔和汉普顿（Lanier & Hampto，2008）将研究对象锁定在参与复活节的人群中，指出在消费参与复活节整个周期中经历了共同选择、共同生产、共同创造三个阶段，在整个过程中与组织人员一同创造体验价值，真正意义上体现了消费者与生产者的价值共创。博伊尔（Boyle，2007）提出了由顾客驱动和企业驱动结合的品牌共创的过程模型，解释了品牌价值的创造者是企业与消费者双方共同完成。

2.3 互　　动

互动是人际交往理论中的重要概念，被视为对人际交往理论的拓展和补充。作为早期涌现的探讨人际关系的一批优秀理论的典型代表（Wiener，1948；Rice，1984），互动因其对整体环境带来的价值，从出现至今一直受到广泛关注，是关系研究和战略管理领域最有影响力的理论之一。互动作为人类在社会中活动中的基本实践之一，其涉及领域十分广泛，特别是在顾客与企业关系、顾客与顾客关系等领域，已成为最具解释力的理论之一，但其理论本身的框架还不够完善，大量的后续研究并未对理论发展有实质性贡献。随着科学技术的进步和网络的普及，营销领域、服务领域中的企业竞争日渐激烈，许多企业内部的成本已经缩减到最低，此时企业家把关注点放到了消费者身上，这也引起了学术界的关注，当企业与顾客的关系从传统意义上的买卖关系（服务与被服务关系）转化成为顾客创造价值时，企业管理自身的基础就不再是交换，而是以服务主导逻辑的核心的互动则变得尤为重要（Grönroos，2000）。

2.3.1 互动的概念界定

维纳（Wiener，1948）最早将互动定义为信息发送者通过信息接收者对于信息的反馈不断修正信息的过程。后续的研究者从不同的角度对互动的内涵给出了不同阐述，互动是广泛使用的术语，让人有非常直观的认知，但互动概念的界定至今仍然没有达成一致，其主要原因是互动这一概念是复杂多维的建构，将互动镶嵌在不同场景中内其含义也会存在差异。随着"互联网＋"的时代到来、虚拟社区、新媒体的流行，让我们意识到完全按照以往学者对于互动的划分视角出发的分析结论可能不适用于当下。因此，学者们主要从三个角度对互动进行了重新定义：社会行为、媒体技术特征和用户对体验的感知（见表2－4）。

表2－4　　　　　　　　　　互动概念

定义视角	文献	具体定义
行为视角	夏璐（2020）	当一个人的行为受到其参考群体成员的行为或特征的影响时，就会发生社会互动
	Julius et al.（2019）	当两个或多个有意识的人类相互并且有意识地影响彼此的行为时，他们就是处在社会互动过程中
	Yin & Shi（2021）	社会互动是指在互动过程中，决策主体的偏好、期望和预算约束会受到他人行为的影响
媒体视角	Liao et al.（2019）	互动是指用户能够实时参与修改媒介环境的形式和内容的程度
	Ding（2021）	社交媒体互动的本质是发展成功的客户参与行为的崇高方面，从而引发情感体验，最终实现价值创造

续表

定义视角	文献	具体定义
媒体视角	Lee et al. (2019)	计算机媒介环境的交互性是一种关键的科学技术能力,任何个人都可以轻松地利用它来获取大量的在线信息,并显示其质量
感知视角	Hsien et al. (2018)	感知交互性是一个多维度的结构,社交媒体中的感知互动一般可分为人对人的互动和人对信息的互动,进而研究其影响社交媒体使用所产生的预期结果
	Xi Xu et al. (2018)	互动感知是网络社会互动中一种基本的心理感知过程,它揭示了人们在社交媒体环境下的行为
	Siddik et al. (2021)	感知的社交媒体交互性可以定义为客户在社交媒体上的信息相关性和响应速度方面对品牌的交互性感知程度

基于社会行为视角,社会行为互动是指在互动过程中,决策主体的偏好、期望和预算约束会受到他人行为的影响;基于媒体技术视角,计算机媒介环境的交互性是一种关键的科学技术能力,任何个人都可以轻松地利用它来获取大量的在线信息,并可以实时参与修改媒介环境和内容;许多研究人员强调了第三个视角的重要性,即用户对过程或特征的感知,互动感知是社会互动中一种基本的心理感知过程,感知的互动性主要关注用户如何感知和体验互动性,感知的社交媒体交互性可以定义为客户在社交媒体上的信息相关性和响应速度方面对品牌的交互性感知程度。结合前人的研究以及三个视角,本书将互动的内涵界定为:互动以强大的数字媒体为基础,一方面向个人或组织提供有价值的信息,另一方面构建了丰富的人际互动形式,促进了人、物、信息等之间的高效协同,提升个人和组织的能力,为价值创造提供源源不断的动力。

2.3.2 互动的维度结构

在社会学中，互动也称为社会互动，指的是社会上个人与个人、个人与集体、集体与集体之间通过信息传播交流而发生的互相依赖的社会交往活动。根据互动角色和互动场景的不同，学者们对"互动"维度的划分有很多种类，在此期间，他们一直没有停止对互动维度和结构的探索。随着大环境的改变，互联网作为人们进行社会交互的一种新型媒介，掀起了一场人们交互行为变革的新浪潮，本书基于属性视角、主体视角和感知视角重新划分互动维度，见表2-5。

表2-5　　　　　　　　　　　互动维度划分

划分视角	文献	具体维度
属性视角	范晓屏（2007）	互动场所、互动特性、互动方式、互动内容
	杨阳等（2009）	互动频率、互动程度、感情力量、互惠互换
	李志兰（2015）	内容特征、互动水平、发生情景、接触方式
主体视角	童怡（2018）	人际互动、人机互动
	Hsien et al.（2018）	人际互动、人与信息互动
	Hsiang et al.（2019）	人际互动、人与信息互动
感知视角	赵宏霞（2015）	感知易用性、响应性、互助性
	Xi Xu et al.（2018）	动作控制、连通性、响应性
	Wang et al.（2018）	感知控制、感知响应、感知交流
	Yoo et al.（2020）	可控性、响应性、游戏性

基于互动属性视角，李志兰（2015）将互动划分为内容特征、互动水平、发生情景和接触方式。基于互动主体视角，较多学者采用贤等（Hsien et al.，2018）所提出的将互动划分为人际互动和人与信息

互动，人际互动是指用户认为他们可以使用社交媒体与他人交互的程度。人与信息互动是指用户认为他们可以使用社交媒体与内容进行交互的程度。基于感知视角，学者们延续原先对互动的划分，将互动依据不同形式划分为可控性、响应性、交流性、游戏性等。

2.3.3 互动的研究现状

本节通过标准抽样方法确定数据赋能的文献范围，包括以下3个实施步骤。

（1）以 Web of Science 核心数据库、CNKI 数据库为目标库，从2018年1月1日至2021年2月3日，在 Web of Science 中限制标题的关键词为"interactivity""interaction"，共搜索到140篇论文，删除社论介绍、书评、信件和公告，并筛选其余出版物，尤其是主题或关键字中包含"interact"术语但实质上非互动的出版物，最后保留13篇论文；在 CNKI 数据库中限制标题关键词为"互动""互动顾客"，共搜索到20篇核心期刊论文和5篇硕博论文，共25篇中文论文，删除社论介绍、书评、信件和公告，并筛选其余出版物，尤其是主题或关键字中包含有"互动"术语但实质文章内容与互动关联性不大的出版物，最后保留9篇论文。

（2）结合 EndNote 和 VOSViewer 软件对中英文论文进行初步计量分析，中、英文论文共词结果分别如图2-3和图2-4所示。归类整理后，英文论文研究主题集中于3个方面，分别为媒体互动、感知互动、社会互动；中文论文研究主题集中于4个方面，分别为教学互动、良性互动、课堂互动、互动仪式链等。

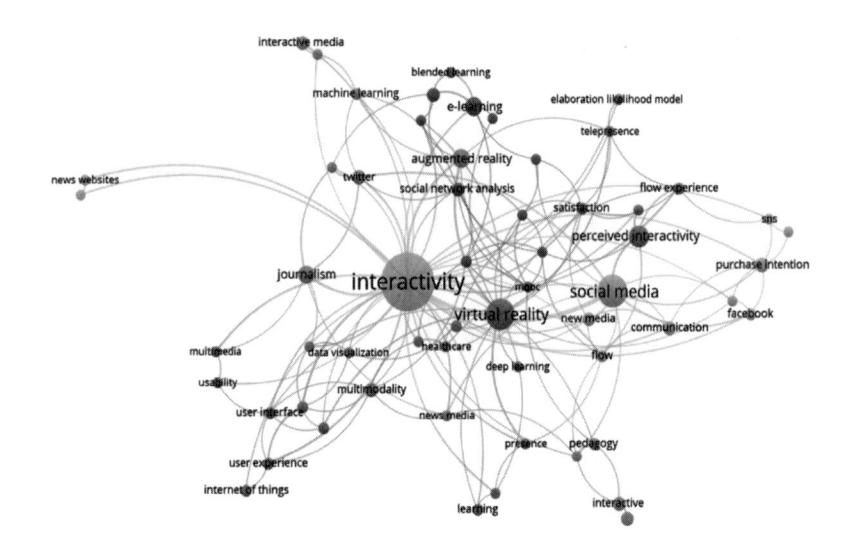

基于服务主导逻辑的跨境电商平台价值共创与互动机理研究

图 2-3　Web of Science 关键词共现

资料来源：VOSViewer 软件分析所得。

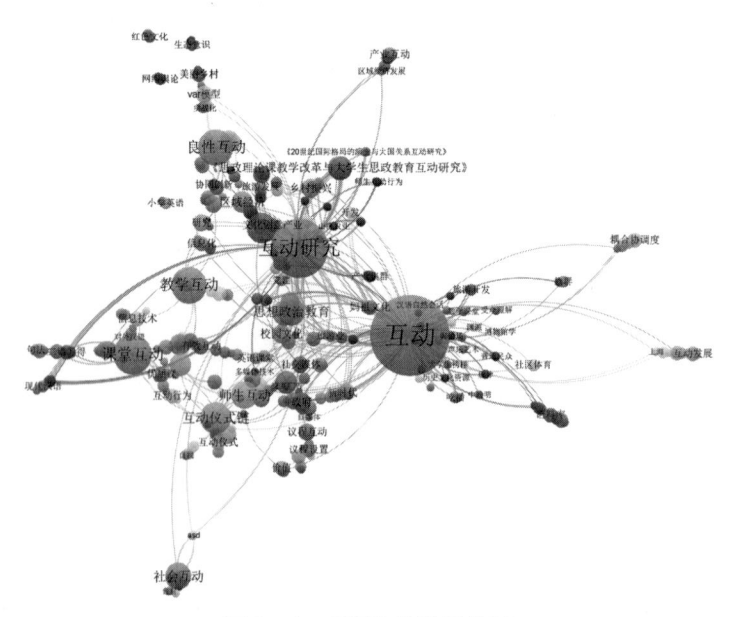

图 2-4　CNKI 关键词共现

资料来源：VOSViewer 软件分析所得。

（3）根据计量分析的结果，仔细研读相应文献，可以将已有互动的研究问题聚焦于行为互动、感知互动和媒体互动三个方面，见表2-6。

表2-6 具体维度关键词及相应文献

聚类归纳	具体关键词	文献
行为互动	社会关系、社会组织、人际关系	Julius & Evan (2019); Yin & Shi (2021); 邵宇 (2019); 吴畏 (2020)
感知互动	交互响应性、交互控制性、感知价值	Xi Xu et al. (2019); Yoo et al. (2020); 赵宏霞 (2015)
媒体互动	购买意愿、网络直播、智慧教室	Hsien et al. (2018); Sreejesh et al. (2020); 吴明珍 (2020); 吴梦丽 (2020)

2.3.4 顾客融入行为

从2006年年初微软邀请测试用户试用其新推出的Windows XP父母控制软件，到后来苹果公司推广由手机使用者参与到产品的设计和研发过程。近些年，随着信息技术和网络的发展，企业开始注意到不仅仅是顾客购买行为对其生存发展具有深远的影响，顾客非购买行为也可以有效地提高企业的竞争优势，这一现象在学术界也得到了广泛的关注。

1. 顾客融入行为的内涵

融入在文献中具有不同的含义，在商业领域被看作合同；在管理领域讨论了与内部利益相关者的组织活动；在营销领域为顾客对公司的一种活动（Kumar，2010；Vivek，2012）。随着"融入"一词在信息、教育和组织行为等领域中不断被广泛地讨论，20世纪70年代末，国外营销学术界开始引入这一概念。但是对于顾客融入概念的界定，学者们的理解各有不同。其中，有些学者强调的是品牌融入行为中的客体（社区）（Bodie et al.，2011）；也有学者从自我角度出发，提出相对前者较为狭义的"品牌融入"（Hollebeek，2011）。尽管他们都尝试对顾客融入的含义进行界定，但仍然存在一定的局限性，主要表现在概念的定义范围相对狭窄，未考虑除企业与顾客外的其他利益相关人员；较少涉及在顾客融入行为的整个过程中的收益；该含义并没有与价值共创的理论关联考虑。

范多恩（Van Doorn，2010）首次提出顾客融入行为（customer engagement behaviors），将其定义为顾客在某些动机驱使下对某一品牌或者公司采取的购买行为之外的活动。关于顾客融入行为的概念，还没有足够的理论清晰度，虽然从业者经常试图把它作为营销策略的核心层之一，但学术界的讨论似乎仍在对这个问题进行认真的思考和实证研究。从宏观层面上，关于顾客融入行为的模型可以集中于三个主体：消费者、公司和利益相关者。消费者的目的是了解（主动的、合作的）活动背后的心理、社会、心理和行为动因，调查参与行为的类型，并发现可能产生的后果。从一个更大的（后）现代的角度来看，这些合作实践可以包含在产生新变化的消费文化研究中。公司的视角更多地关注于吸引顾客的策略、对一个品牌的顾客的价值的调查、如何提高顾客的获取、忠诚和保留以及顾客参与的战略。从利益相关者的角度来看，尚未进一步研究顾客融入的大背景，嵌入在不同的利益相关者的关系的动态和考虑到更广阔的环境和深度要求（社会、经济、研究数字和制度），以提供一个更大的框架，反映现实的复杂性，超越客户与品牌连接角度，相关的一些研究方向已经表明在共同创造价值的理论（Ana Javornik et al.，2012）（见表2-7）。

表2-7　　　　　　　　　　顾客融入行为的内涵

文献	顾客融入行为的内涵
Vivek（2009）	顾客个人参与或与组织提供的产品、活动联系的强度
Van Doorn et al.（2010）	顾客交易行为之外的顾客关注品牌或企业的具体行为
Roberts et al.（2010）	将其定义为忠诚的顾客，积极向他人推荐品牌，开展有效的口碑的一种行为
Bijmolt et al.（2010）	将顾客融入行为定义为是口头传递、客户共同创造和抱怨的行为
Kumar et al.（2010）	由四个核心方面组成：客户购买行为、客户转介行为、客户影响力行为、客户知识行为
Brodie et al.（2011）	顾客融入是一种心理状态，通过与服务关系中的焦点对象（如品牌）的交互共创客户体验
Sashi（2012）	顾客融入周期包括以下阶段：连接、满意度、承诺、宣传等，情感和关系纽带是客户参与的重要因素，但是各种行为组件需要先于它们，并且对于建立参与是不可或缺的
Braun（2016）	顾客融入（customer engagement，CE）的概念是以识别和分类的多方面，要求苛刻客户的行为可能会影响公司除交易外的产品或服务

国内也有学者将 customer engagement 翻译为"顾客参与"，为了能更清楚地将其与顾客参与、合作生产、顾客卷入区分开来，本书将其译为"顾客融入"。张文敏（2012）顾客参与通常用在服务流程中，顾客在产品生产与传递时在物质和精神两方面所产生的具体行为，是与生产、服务直接关联的行为变量。而一般情况下，顾客卷入被看作态度变量，用在有形产品的消费过程中，强调产品与顾客的相关性。张凤超（2010）指出顾客共同生产将传统意义上对顾客角色的定位进

行了转变,顾客承担了一部分产品研发、控制的职能,体现了企业与顾客之间存在的松散型耦合关系。综上所述,顾客参与、顾客卷入与合作生产三者都与购买行为相关;而顾客融入恰巧与之相反,是一些包括口碑、评价、推荐等在内的与购买无关的行为,它强调顾客、企业和一些利益相关人员之间相互联系共创价值。

2. 顾客融入行为维度结构

范多恩(2010)提出顾客融入行为,但并没有对其进行维度划分,近几年学术界关于顾客融入行为具有代表性的观点主要包含三个方面:认知维度(cognitive)、情感维度(emotional)、行为维度(behavioral)。认知维度是指从顾客个人的角度出发,体现在顾客对品牌关心与专注的程度;情感维度是指顾客对品牌所产生的喜好;行为维度是指顾客在对品牌推广中做出的努力和采取的行动。顾客融入行为很难用单一的维度来进行划分,但以上三个维度相结合的观点得到了普遍的认同(见表2-8)。

表2-8　　　　　　　　　　顾客融入行为维度

文献	测度
Algesheimer et al. (2005)	实用、享乐、社会
Higgins (2006)	认知、情感、行为
Vivek (2009)	意识、热情、活动
Hollebeek (2011)	认知、情感、行为
Van Doorn et al. (2010)	价值、形式、范围、自然、客户目标
Gambetti & Graffigna (2010)	轻松的(关系)、务实的(管理)
Katrien Verleye (2013)	规则、反馈、合作、帮助其他顾客、推荐

续表

文献	测度
Teresa Fernandes（2016）	口碑、重复消费、感知价值、抱怨
Braun（2016）	评价、价值共创
Jaakkola et al.（2014）	增强行为、影响行为、激励行为
于洪彦等（2014）	促进、交流、自我表达、协作

3. 顾客融入行为研究现状

（1）国内顾客融入行为研究现状。国内学者关于顾客融入行为的研究较少，在中国知网用"顾客融入"作为关键字进行搜索，2014年至今只有8篇文献。其中包含一篇文献综述、一篇量表开发，但却涉及了管理、信息系统、工程等多领域。于洪彦（2015）指出顾客融入行为扩展了营销的研究领域，但尽管学者们关注到了顾客非购买行为在价值共创中的特点和作用，但这样的研究仅局限在概念理解上。因此使顾客融入行为的研究受到限制，所以对顾客融入行为的量表开发，将其划分为促进、交流、自我表达、协作，并对顾客融入行为做了实证研究，探究了其前因变量和结果变量。朱翊敏（2011）对顾客融入行为和价值共创进行了研究评述，指出顾客融入行为的理论基础源于共创价值，由于信息技术的发展使得企业与顾客之间的合作成为可能，顾客与企业之间通过更直接的方式相互接触，使企业、顾客和其他利益相关者形成价值共创体系。在该体系中，成员之间相互分享经验、交流知识和技能、共同合作创造价值。

（2）国外顾客融入行为研究现状。

①顾客融入行为的前因变量。范多恩（2010）在研究中提出了顾

客融入行为概念模型，帮助我们来理解顾客融入行为。该模型从顾客层面、企业层面和环境层面分析了顾客融入行为的前因变量。从顾客层面来讲，态度是影响顾客融入行为的最重要因素，包含顾客满意度、品牌依附、评论、厌恶、后悔等；顾客目标、顾客特征和倾向也会影响顾客融入行为，这些因素可以影响如何使用品牌以及顾客如何融入品牌（Schau et al.，2009）。从企业层面来讲品牌自身就可以影响顾客融入行为，企业也可以通过开发和提供过程，通过平台支持特定的顾客（Van Bruggen，2010）。从环境层面来讲，很大程度上来自企业与顾客所在的监管的政治、法律、经济、环境、社会和技术方面（P.E.S.T.）范围内（Kumar，2010）。许多情况下，政治、法律、环境可以通过鼓励或抑制信息流动来影响消费者的融入；技术则是指由于网络的迅速发展促使顾客融入的形式产生变化，成本也逐渐降低（见图2–5）。

②顾客融入行为的结果变量。顾客融入行为作用的效果从顾客层面来讲，主要是态度、认知和行为对顾客产生影响；从企业层面来讲，是对经济和情感的影响。顾客融入行为一定会对其对事物认知和态度产生影响作用（Van Doorn et al.，2010）。博尔（Borle，2007）在对顾客满意度的研究中指出顾客积极地参与对顾客资产产生积极的影响。库马尔（Kumar et al.，2010）在顾客融入行为对顾客价值后果的讨论中指出，顾客融入行为会对对公司声誉有影响。通过品牌社区参与和支持品牌相关的事件证明经营客户也有助于品牌的长期声誉和认可。安娜·贾沃尼克等（Ana Javornik et al.，2012）指出消费者对品牌行为投入的关键因素是感兴趣，探讨了快销商品的消费者忠诚度水平与品牌融入行为的关系，通过现象观察行为，综合调查客户及其行为表

```
┌─────────────────┐                              ┌─────────────────┐
│  前因变量        │                              │  结果变量        │
│  顾客            │                              │  顾客            │
│ •满意            │                              │ •认知            │
│ •信任/承诺       │                              │ •态度            │
│ •身份            │                              │ •情感            │
│ •消费目标        │                              │ •物理/时间       │
│ •资源            │                              │ •身份            │
│ •感知成本/收益   │                              │                  │
│  企业            │      ┌──────────────┐       │  企业            │
│ •品牌特征        │      │ 顾客融入行为  │       │ •金融            │
│ •坚定的信誉      │─────▶│ •价值         │──────▶│ •声援            │
│ •公司规模/多元化 │      │ •形式         │       │ •监管            │
│ •公司信息使用和流程│    │ •范围         │       │ •竞争            │
│ •行业            │      │ •影响的性质   │       │ •员工            │
│                  │      │ •客户目标     │       │ •产品            │
│  环境            │      └──────────────┘       │  环境            │
│ •竞争因素        │             ▲               │ •消费者福利      │
│ •P.E.S.T.        │             ┊               │ •经济盈余        │
│  -政治           │             ┊               │ •社会盈余        │
│  -经济/环境的    │             ┊               │ •规定            │
│  -社会           │             ┊               │ •跨品牌          │
│  -技术           │             ┊               │ •跨客户          │
└─────────────────┘             ┊               └─────────────────┘
       ▲                         ┊                        ┊
       └─────────────────────────┴────────────────────────┘
```

图 2-5　顾客融入行为概念模型

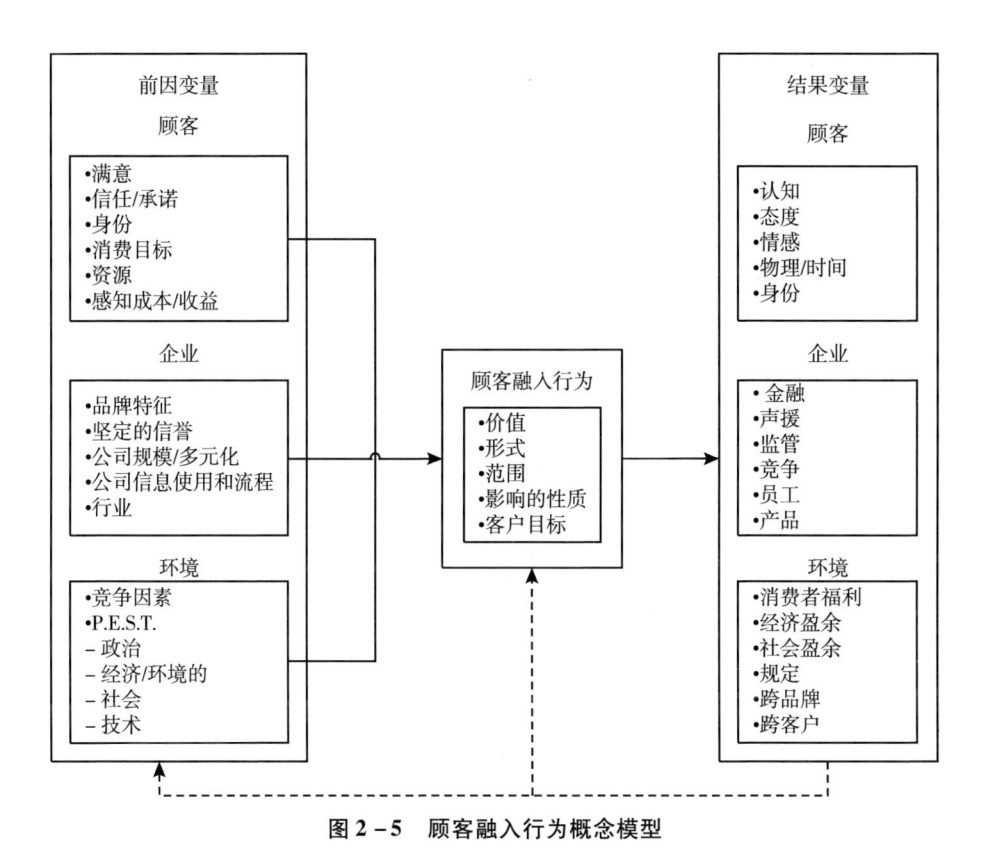

现的积极作用，如顾客共同生产、口碑、品牌等。顾客的融入行为除了可以给顾客带来类似于奖励的直接利益外，还可以使其间接地会得情感上的满足（Chu S et al.，2011）。绍等（2009）在研究中指出顾客融入是企业获取知识的重要的途径，顾客融入为企业产品的开发和设计提供了新的建议，并且对最后的测试和体验都有正向的促进作用。

（3）顾客融入行为的边缘研究。部分学者对顾客融入行为研究并非实证研究，基于对顾客融入行为决定因素、交叉构成等。卡特里安·维尔莱（Katrien Verleye，2013）研究表明顾客融入行为很大程度上取决于一线的员工，主要目的是检验一个管理和心理过程的理论模型，鼓励将顾客融入行为嵌入在一个更广泛的客户网络（其他利益相关者）中。霍勒贝克（Hollebeek et al.，2016）基于服务主导逻辑理论和顾客融入行为开发了综合的理论框架，外部轻度阴影领域：客户资源整合、知识共享和学习的顾客融入行为的基本过程；非阴影区：客户个人资源开发顾客融入行为的好处，人际性资源发展和共同创造（见图 2-6）。

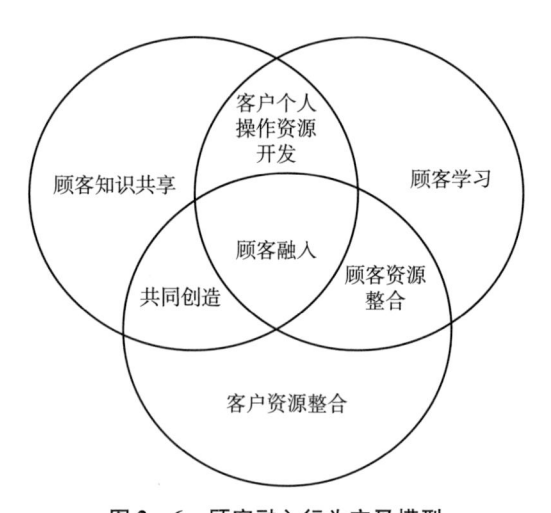

图 2-6　顾客融入行为交叉模型

潘萨里和库马尔（Pansari & Kumar，2017）指出当一个关系是满意的并且具有感情时，才能发展到融入的阶段，用 2×2 的矩阵让人直观地理解管理的满意度、情感和融入三者之间的关系。情感强度、满意度水平也可以是高或低。每四个单元/矩阵如下：真正的爱（情感高—高满意度）、吸引力（情感低—满意度高）、激情（情感高—满意度低）和冷漠（情感低—满意度低）。充分证实了当顾客融入企业时，是基于信任和承诺是令人满意的且有感情的。

第3章 概念模型与研究假设

3.1 研究变量的界定与测量

3.1.1 线上互动的维度结构

线上互动是用户与平台的线上互动,采用了刘(Liu,2003)对互动的界定为传播者之间的或者是传播者与传播介质之间信息相互作用的程度。对于跨境电商平台用户的线上互动维度的选取,总结归纳学者对互动性进行的研究,经过整理分析,本书借鉴刘(2003)对线上互动维度的划分,将线上互动划分为可控性、同步性和交互性三个维度(见表3-1)。

表3-1　　　　　　　　　　　线上互动的测度

变量	题项
可控性	浏览平台时，我可以有效地控制平台体验过程
可控性	浏览平台时，我可以自由选择我想要看的内容
可控性	浏览平台时，我的行为决定了我的平台体验
同步性	平台迅速地处理了我的输入信息
同步性	我从平台上获取信息的速度非常快
同步性	使用平台时，我可以及时地获得我想要的信息
同步性	单击平台的链接时，我可以从平台获得实时信息
交互性	平台高效地收集访客的反馈意见
交互性	平台有效地促进了访客与平台之间的双向沟通
交互性	平台乐于倾听访客的意见
交互性	平台给予访客提意见的机会

3.1.2　线下互动的维度结构

线下互动的场所非平台上，线下互动是指在平台的用户与平台成员之间的互动，线下互动需要用户智力和情感的投入。传统的非互联环境下的线下互动主要体现在顾客与企业之间的互动和顾客与顾客之间的互动。本书通过梳理学者们对互动理论的文献，总结出对互动的概念的基本界定：即顾企之间或者顾客之间的互动是指企业中服务的提供者与顾客在创新过程中共同学习、认知等方面的活动过程（Matthing，2004）。本书用了邦纳（Bonner，2010）对互动的维度的划分，即双向交流、顾客参与和共同解决三个维度（见表3-2）。

表3-2　　　　　　　　　　线下互动的测度

变量	题项
双向交流	平台向我提供了大量的反馈意见
	我与平台的交流是双向的
	我与平台交换的信息是开放的
	我与平台成员进行广泛的面对面交流
顾客参与	我与平台成员经常以小组的形式进行讨论
	我经常参与平台成员的工作会议
	我积极参与平台的活动
共同解决	我和平台成员共同处理问题
	我和平台成员认真地讨论问题
	我和平台成员共同寻找解决方案

3.1.3　顾客融入行为的维度结构

本书通过学者对顾客融入行为的研究和梳理，得出了对顾客融入行为的概念界定。范多恩（2010）提出顾客融入行为（Customer Engagement Behaviors），将其定义为顾客在某些动机驱使下对某一品牌或者公司采取的购买行为之外的活动。本书顾客融入行为被定义为用户在跨境电商平台上进行的一系列非购买的行为之外的活动。同时，回顾了不同学者对顾客融入行为的维度划分，借鉴卡特里安·维尔莱（2013）将顾客融入行为划分为合作行为、反馈行为和推荐行为三个维度（见表3-3）。

表 3 – 3　　　　　　　　　顾客融入行为的测度

变量	题项
合作行为	我做的事情有助于他人工作
	我协助平台提供更好的服务
反馈行为	我协助平台更好地满足顾客需求
	当平台提供良好服务时，我会及时反馈给平台工作人员
	当平台遇到问题时，我会及时通知平台工作人员
推荐行为	我向对该平台感兴趣的人推荐
	我向家人和朋友推荐这个平台
	我向其他人表示对该平台的肯定

3.1.4　价值共创的维度结构

巴宾等（Babin et al.，1994）将实用价值定义为对意向性结果的追求，而享乐价值取决于乐趣和消费体验过程中的兴奋（Hirschman & Holbrook，1982）。大多数消费行为是包含实用性和享乐性两种特征的（Mano & Oliver，1993），消费者会根据自身最初对享乐或实用价值的期望作出决定。本书实用价值是指通过实现功能目标获得的感知效用，享乐价值被定义为平台购物时引起的愉悦感觉（见表 3 – 4）。

表 3 – 4　　　　　　　　　价值共创的测度

变量	题项
实用价值	我认为在这个平台中交流很方便
	我认为通过平台获取的信息效率很高
	我认为通过平台交流获取了自己需要的信息
	使用该平台很成功

续表

变量	题项
享乐价值	使用该平台感觉愉悦
	我自愿选择此平台
	使用此平台是明智之举

3.2 价值共创模型研究的理论假设

3.2.1 线上互动与价值共创的关系

梅里莱斯（Merrilees，2003）验证了高水平的线上互动增加了用户的信任感。此外，斯图尔特和帕夫洛（Stewart & Pavlou，2002）指出互动可能会通过建立信任来创造价值。由于网上购物的目标导向是消费者购买的产品或服务，他们想要各种推荐系统，例如个性化和特殊促销活动在零售商的网站是用于决策过程中的帮助。这些网站的功能可以提高用户决定的质量和对产品的信心。互动性可以增加产品的用户感知价值或提供的服务（Teo et al.，2003）。许多研究也表明，互动性对感知质量的影响，对价格的敏感度或者用户的线上自我调节，都会促进消费者自身的价值创造（Kim & LaRose，2004）。阿里（Ariely，2000）发现互动性对用户记住以往的消费经验很有帮助，根据以往的消费经验，顾客再进行选择时更有信心。控制性更容易促使用户产生网上购物行为（Joines et al.，2003）。消费者需要频繁更新的网站，同步提供及时信息为提高用户网站体验，促使用户更为积极地使用该网站（Geissler，2001）。交互性则提高了用户的感知质量（Berthon et al.，1996）。在线零售中，双向性、同步性在互动的过程中可以对消费者感知价值起到非常积极的促进作用（Yoo et al.，2010）。基于以上文献的整理，提出以下假设。

假设 H1　线上互动对实用价值有正向影响作用。

假设 H1a　可控性对实用价值有正向影响作用。

假设 H1b　同步性对实用价值有正向影响作用。

假设 H1c　交互性对实用价值有正向影响作用。

假设 H2　线上互动对享乐价值有正向影响作用。

假设 H2a　可控性对享乐价值有正向影响作用。

假设 H2b　同步性对享乐价值有正向影响作用。

假设 H3c　交互性对享乐价值有正向影响作用。

3.2.2　线上互动与顾客融入行为的关系

从管理学的视角，任何形式的顾客融入行为（如推荐行为、口碑行为）和意在生成和传播的行为（如微博）都会对顾客购买行为的焦点和其他用户产生作用，从而影响到用户的权益（Van Doorn et al,2010）。潘和邱（Pan & Chiou，2011）研究测试的强与弱的社会关系和积极与消极的信息对论坛在线信息感知信任存在影响。Facebook网站对用户品牌相关评论的结果的实证研究为顾客融入行为具体表现仍然稀缺。当顾客基于在线评论，感觉到其他顾客讨论的相关创新话题与自身密切相关时，便会更积极地参与共同创新中。顾客提供的非交易资源，在顾客与企业或其他受益人交互过程中影响了价值共创的过程和结果（张童，2015）。基于以上文献的整理，提出以下假设。

假设 H3　线上互动对合作行为有正向影响作用。

假设 H3a　可控性对合作行为有正向影响作用。

假设 H3b　同步性对合作行为有正向影响作用。

假设 H3c　交互性对合作行为有正向影响作用。

假设 H4　线上互动对反馈行为有正向影响作用。

假设 H4a　可控性对反馈行为有正向影响作用。

假设 H4b　同步性对反馈行为有正向影响作用。

假设 H4c　交互性对反馈行为有正向影响作用。

假设 H5　线上互动对推荐行为有正向影响作用。

假设 H5a　可控性对推荐行为有正向影响作用。

假设 H5b　同步性对推荐行为有正向影响作用。

假设 H5c　交互性对推荐行为有正向影响作用。

3.2.3　顾客融入行为与价值共创的关系

互联网使商业经济的运作模式有了历史性的突破，让全方面的顾企互动得以实现，顾客积极地与企业合作，参与到在企业生产、服务等价值创造的整个过程。巴索尔和劳斯（Basole & Rouse，2008）研究发现价值共创最重要的主体是最终顾客，顾客在价值网络中的所有行为都源于其追求自身价值共创程度的最大化，即价值网络的所有活动都是为了使最终顾客实现价值（Zeithaml et al.，1996）。阿诺德（Arnould，2005）研究发现企业与顾客的关系被视为合作者，顾客为企业贡献了丰富的知识和思想，企业则向顾客提供与之相配的文化资源，从而使合作的双方成为价值共同的创造者。用户在参与价值共创的整个过程中所感知到的价值会产生动态变化的，用户的融入程度不同，所感知到的价值也就会产生差异（卜庆娟等，2016）。关于顾客融入行为结果的实证研究中，某种程度不断增长的顾客融入行为会使得用户的享乐价值增长更多，而不是实用的品牌价值（Hollebeek，2011）。基于以上文献的整理，提出以下假设。

假设 H6　顾客融入行为对实用价值有正向影响作用。

假设 H6a　合作行为对实用价值有正向影响作用。

假设 H6b　反馈行为对实用价值有正向影响作用。

假设 H6c　推荐行为对实用价值有正向影响作用。

假设 H7　顾客融入行为对享乐价值有正向影响作用。

假设 H7a　合作行为对享乐价值有正向影响作用。

假设 H7b　反馈行为对享乐价值有正向影响作用。

假设 H7c　推荐行为对享乐价值有正向影响作用。

3.2.4　线下互动与价值共创的关系

许多成功企业通过与潜在的顾客保持紧密的互动，在整个新产品开发的过程中对顾客的需求有了更加深入的认识，为新产品的研发提供了更多的借鉴与思考（Rothwell et al，1974）。顾客在进行价值创造的过程中扮演了购买者、资源、合作的创造者、用户和产品五种角色（Nambisan et al.，2007）。资源与合作的创造者可以划分为价值创造的投入端，另外三种角色划分为价值创造的产出端。互动需要用户智力和情感的投入，平台通过与用户的互动更加注重到用户的个性化需求。顾客与平台服务工作的人员、顾客与顾客之间的高效的互动可以对价值共创产生积极的影响作用（李朝辉，2013）。顾客价值共创的互动行为不但能够创造出顾客价值，还可以对企业或者平台带来积极的作用（卜庆娟等，2016）。随着电子信息技术的迅速发展，企业更加注重与顾客之间的关系，两者之间双向的信息交流对完成高效的互动起着至关重要的作用（卫海英和杨国亮，2011）。基于以上文献的整理，提出以下假设。

假设 H8 线下互动对实用价值有正向影响作用。

假设 H8a 双向交流对实用价值有正向影响作用。

假设 H8b 顾客参与对实用价值有正向影响作用。

假设 H8c 共同解决对实用价值有正向影响作用。

假设 H9 线下互动对享乐价值有正向影响作用。

假设 H9a 双向交流对享乐价值有正向影响作用。

假设 H9b 顾客参与对享乐价值有正向影响作用。

假设 H9c 共同解决对享乐价值有正向影响作用。

3.2.5 线下互动与顾客融入行为的关系

彭艳君和景奉杰（2008）提出顾客参与会影响顾客与企业的互动和沟通过程，使双方通过互动相互了解，增强顾客对于产品及服务的认知与了解程度，进而影响服务结果。邦纳（2010）研究新产品检验时，指出开发组织和客户的信息流的流向是双向的。顾客参与合作生产的程度越高，对自己的认可程度也越高，更加愿意为服务质量、自身价值以及满意度去贡献力量,当顾客意识到为这些可以为自身带来更大的利益时,顾客参与合作生产的意愿也就越强烈(张若勇等,2010)。基于以上文献的整理,提出以下假设。

假设 H10　线下互动对合作行为有正向影响作用。

假设 H10a　双向交流对合作行为有正向影响作用。

假设 H10b　顾客参与对合作行为有正向影响作用。

假设 H10c　共同解决对合作行为有正向影响作用。

假设 H11　线下互动对反馈行为有正向影响作用。

假设 H11a　双向交流对反馈行为有正向影响作用。

假设 H11b　顾客参与对反馈行为有正向影响作用。

假设 H11c　共同解决对反馈行为有正向影响作用。

假设 H12　线下互动对推荐行为有正向影响作用。

假设 H12a　双向交流对推荐行为有正向影响作用。

假设 H12b　顾客参与对推荐行为有正向影响作用。

假设 H12c　共同解决对推荐行为有正向影响作用。

3.3　研究模型

与提出的12个假设相对应,将线上互动和线下互动分别对价值共创作用机制构建概念模型。如图3-1和表3-5所示,构建了线上互动、顾客融入行为和价值共创的总体模型。如图3-2和表3-6所示,构建了线下互动、顾客融入行为和价值共创的总体模型。试图通过线上互动与线下互动作对比假设,探讨以跨境电商平台作为研究背景,在平台运作中用户在线上的互动与线下的互动分别对价值共创产生的影响作用。跨境电商平台用户通过自身线上和线下的互动，提升自身和顾客融入行为，从而能够更好地与平台进行价值共创。也就是说，互动对价值共创的影响是通过顾客融入行为的中介作用来实现的。

图 3-1 线上互动概念模型

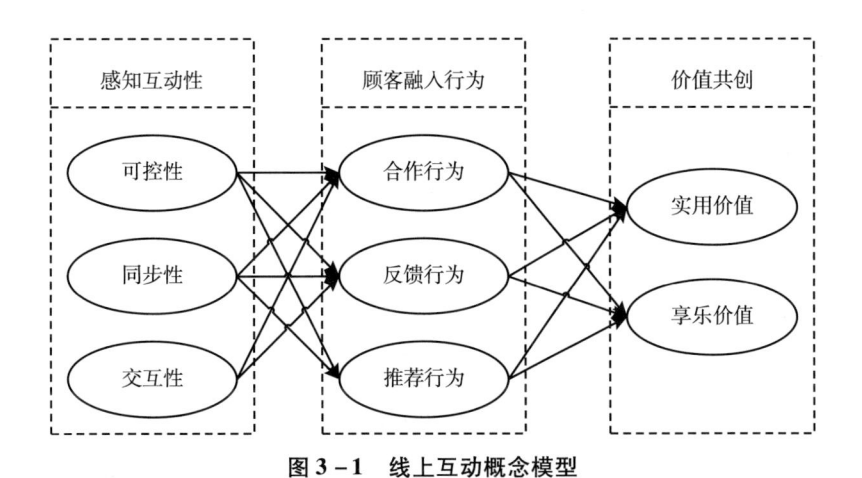

表 3-5 线上互动与价值共创模型研究假设总览

假设	假设内容
H1	线上互动对实用价值有正向影响作用
H1a	可控性对实用价值有正向影响作用
H1b	同步性对实用价值有正向影响作用
H1c	交互性对实用价值有正向影响作用
H2	线上互动对享乐价值有正向影响作用
H2a	可控性对享乐价值有正向影响作用
H2b	同步性对享乐价值有正向影响作用
H2c	交互性对享乐价值有正向影响作用
H3	线上互动对合作行为有正向影响作用
H3a	可控性对合作行为有正向影响作用

续表

假设	假设内容
H3b	同步性对合作行为有正向影响作用
H3c	交互性对合作行为有正向影响作用
H4	线上互动对反馈行为有正向影响作用
H4a	可控性对反馈行为有正向影响作用
H4b	同步性对反馈行为有正向影响作用
H4c	交互性对反馈行为有正向影响作用
H5	线上互动对推荐行为有正向影响作用
H5a	可控性对推荐行为有正向影响作用
H5b	同步性对推荐行为有正向影响作用
H5c	交互性对推荐行为有正向影响作用
H6	顾客融入行为对实用价值有正向影响作用
H6a	合作行为对实用价值有正向影响作用
H6b	反馈行为对实用价值有正向影响作用
H6c	推荐行为对实用价值有正向影响作用
H7	顾客融入行为对享乐价值有正向影响作用
H7a	合作行为对实用价值有正向影响作用
H7b	反馈行为对享乐价值有正向影响作用
H7c	推荐行为对享乐价值有正向影响作用

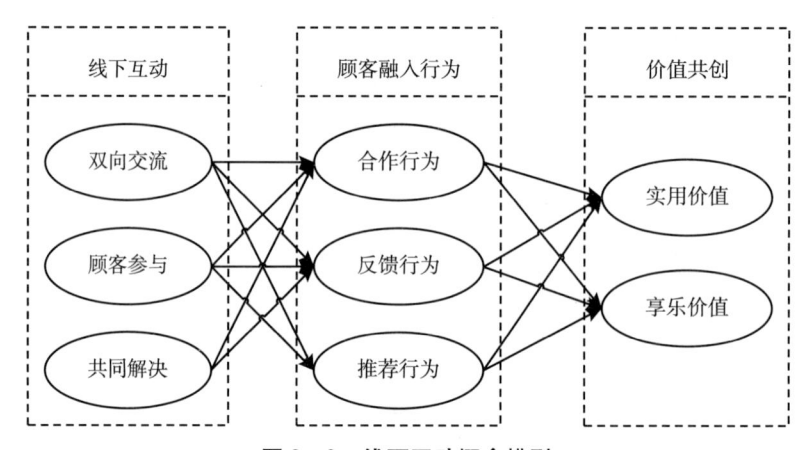

图 3-2 线下互动概念模型

表 3–6　　线下互动与价值共创模型研究假设总览

假设	假设内容
H8	线下互动对实用价值有正向影响作用
H8a	双向交流对实用价值有正向影响作用
H8b	顾客参与对实用价值有正向影响作用
H8c	共同解决对实用价值有正向影响作用
H9	线下互动对享乐价值有正向影响作用
H9a	双向交流对享乐价值有正向影响作用
H9b	顾客参与对享乐价值有正向影响作用
H9c	共同解决对享乐价值有正向影响作用
H10	线下互动对合作行为有正向影响作用
H10a	双向交流对合作行为有正向影响作用
H10b	顾客参与对合作行为有正向影响作用
H10c	共同解决对合作行为有正向影响作用
H11	线下互动对反馈行为有正向影响作用
H11a	双向交流对反馈行为有正向影响作用
H11b	顾客参与对反馈行为有正向影响作用
H11c	共同解决对反馈行为有正向影响作用
H12	线下互动对推荐行为有正向影响作用
H12a	双向交流对推荐行为有正向影响作用
H12b	顾客参与对推荐行为有正向影响作用
H12c	共同解决对推荐行为有正向影响作用

第 4 章 实证研究

4.1 研究方法

为了深入研究,本书在规范性的理论推理的基础上,进行定量的实证研究来证实理论推理的正确性。本章主要从问卷设计、数据收集和数据统计等方面对研究设计和实证方法进行阐述。

4.1.1 问卷设计

本问卷采用了态度量表中最常用的方法(荣泰生,2009),即李克特的 7 级量表法,将调查对象以"非常不同意"到"非常同意"分别对题项给予 1~7 分的态度评价。问卷对互动、顾客融入行为和价值共创等方面进行了调查,对样本调研和数据回收,对有效数据进行统计与分析,最后得出研究结果,见表 4-1。

表 4-1　　　　　　　　问卷内容即题项数量

部分	问卷内容	题项数量	测量方式
第一部分	用户基本信息	职业、收入等	填空/选择
第二部分	线下互动	双向交流（3题） 顾客参与（4题） 共同解决（3题）	七分量表
第三部分	线上互动	可控性（3题） 同步性（4题） 交互性（4题）	七分量表
第四部分	顾客融入行为	合作行为（2题） 反馈行为（2题） 推荐行为（3题）	七分量表
第五部分	价值共创	实用价值（4题） 享乐价值（3题）	七分量表

为保证问卷的合理性和有效性，在问卷设计之前进行了大量的文献分析，充分吸收了国内外优秀著作中与本书研究有关的知识，形成了用户体验机理研究的问卷初稿。在此基础上，与我们学术团队探讨变量之间的逻辑关系及测度题项的设计问题，根据提出的意见，继而对问卷进行调整与修改，形成第二稿问卷。为使调查对象充分地理解问卷中每个题项的意义，尽早发现可能隐藏的问题，在正式发放问卷前经过了预试，经过多次的调整与修改，最终形成了问卷，该问卷详情如附录所示。

4.1.2　数据收集

本书研究对象为跨境平台使用过的用户，为了获取高质量的样本数据,选择在阿里众包平台上发放问卷,截至 2016 年年底阿里众包平台拥有 1500 万的注册用户,且主要为学生和白领等年轻用户,更适合于作为研究对象。本书要求填写问卷的用户使用过跨境电商平台,以尽量排除外部因素。问卷通过阿里众包平台发放,任务发放设定时间为 2017 年 9 月 3 日至 2017 年 9 月 18 日,一共设置了 250 份问卷,回收有效数据 223 份。问卷采集的过程属于众包任务发放与采集的过程,需要在众包平台上进行编辑任务,主要步骤如图 4-1 所示。

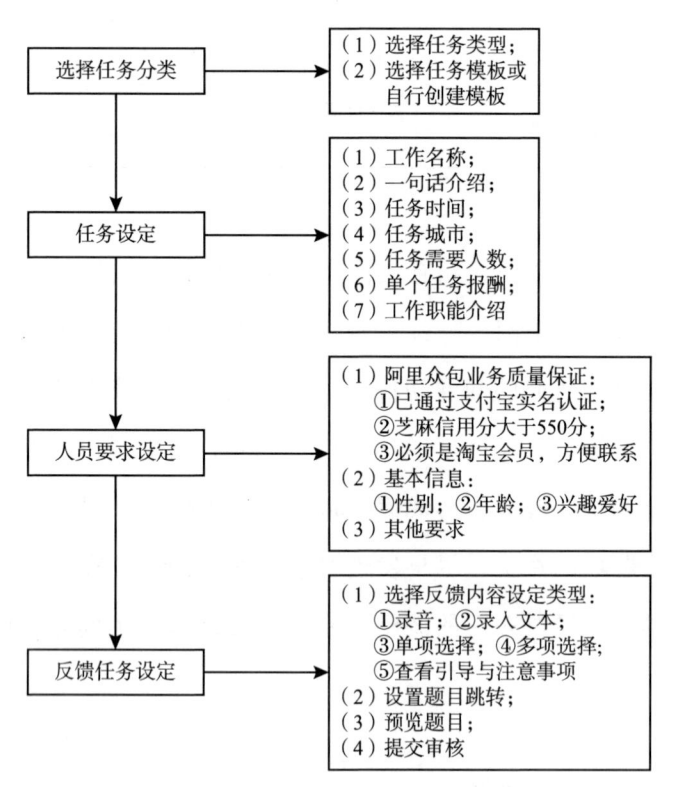

```
选择任务分类 → (1) 选择任务类型;
              (2) 选择任务模板或自行创建模板

任务设定  →   (1) 工作名称;
              (2) 一句话介绍;
              (3) 任务时间;
              (4) 任务城市;
              (5) 任务需要人数;
              (6) 单个任务报酬;
              (7) 工作职能介绍

人员要求设定 → (1) 阿里众包业务质量保证:
              ①已通过支付宝实名认证;
              ②芝麻信用分大于550分;
              ③必须是淘宝会员,方便联系
              (2) 基本信息:
              ①性别;②年龄;③兴趣爱好
              (3) 其他要求

反馈任务设定 → (1) 选择反馈内容设定类型:
              ①录音;②录入文本;
              ③单项选择;④多项选择;
              ⑤查看引导与注意事项
              (2) 设置题目跳转;
              (3) 预览题目;
              (4) 提交审核
```

图 4-1 阿里众包问卷设计流程

4.2 数据统计分析

在前期数据录入阶段采用了 Excel 2010 进行数据校对和简单处理，在后期分析阶段主要采用了 SPSS 19 和 AMOS 21 进行描述统计、效度分析、相关分析、回归分析和模型验证等工作。其中 SPSS 是应用最为广泛的统计分析软件之一，可以满足描述统计分析、探索性因子分析、回归分析和相关分析等多种复杂的数据分析工作。AMOS 是一款使用结构方程式来探索变量间的关系的软件。相比于单独使用因子分析或回归分析，通过结构方程模型的建立，更精确地检验变量之间的相互影响以及为何会发生此影响，获得更丰富的综合分析结果。

本书所运用的数据分析方法主要包括描述性统计分析、因子分析、相关分析、回归分析和结构方程模型等。在基本描述性分析部分，主要利用频率分布来统计回收问卷中的企业基本信息以及相关测度的基本特性等。因子分析是指研究从变量群中提取共性因子的统计技术，最为常用的是探索性因子分析和验证性因子分析。探索性因子分析的目的是确认量表因素结构或一组变量的模型；验证性因子分析被适用于检验一组测量变量与一组可以解释测量变量的因素构念的关系，它的强项正是在于它允许研究者明确描述一个理论模型中的细节。结构方程模型可以同时检验模型中的观察变量、潜在变量和误差变量的相互关系，进而获得自变量对因变量影响的直接效果、间接效果或总效果（吴明隆，2009）。

4.2.1 样本描述统计

本书实际对回收的 245 份,除去 22 份无效数据,有效样本共 223 份。按照学历、收入、学历、使用阿里众包的时间、跨境购物的频率、使用平台的类型、使用跨境平台购物的原因等基本情况进行百分比分析,统计结果见表 4-2。从统计结果来看,所得样本在学历、收入、职业等方面都具有较广的覆盖面,可以有效地反映研究主体的主要特征。

表 4-2　　　　　　　　研究变量度量

项目类别		有效样本/个	百分比/(%)
居住区域	华北	58	26.01
	华东	64	28.70
	华南	70	31.39
	华西	4	1.79
	华中	27	12.11
学历	高中及以下	43	19.28
	大专	89	39.91
	大学本科	82	36.77
	硕士	9	4.04
收入	5000 元以下	155	69.51
	5000 元~10000 元	56	25.11
	10000 元~20000 元	9	4.04
	20000 元以上	3	1.35

续表

项目类别		有效样本/个	百分比/(%)
职业	在校学生	47	21.08
	企业人员	68	30.49
	政府/机关干部/公务员/事业单位	27	12.11
	自由职业者	61	27.35
	退休/失业/待业	20	8.97
任务完成数量	不足5个	54	24.22
	5~10个	56	25.11
	10~20个	21	09.42
	20个以上	92	41.26
浏览任务频率	每天一次	184	82.51
	每周一次	15	6.73
	每月一次	2	0.90
	不经常	22	9.87
使用阿里众包时间	不到1个月	50	22.42
	1~3个月	63	28.25
	3~6个月	45	20.18
	6个月~1年	45	20.18
	1年以上	20	8.97
使用互联网的年限	2年以下	2	0.90
	2~4年	19	8.52
	5~6年	28	12.56
	6年以上	174	78.03
每周上网时长	5小时以下	30	13.45
	6~20小时	88	39.46
	21~40小时	30	13.45
	40小时以上	75	33.63

续表

	项目类别	有效样本/个	百分比/(%)
跨境购物平台	国内电商网站的境外购物频道	45	20.18
	国内独立跨境电商网站	109	48.88
	全球综合电商网站	17	7.62
	个人代购	52	23.32

经过整理对回收数据进行描述性统计分析发现，用户使用互联网的年限接近80%的人超过了6年，平均每天上网时间在两小时以上的用户近90%，收入集中在5000元以下和5000~10000元的低收入人群。

通过对用户使用跨境平台的偏好的调查发现，如图4-2所示，主要使用的跨境购物平台是国内独立跨境电商网站（海淘网、考拉海购、顺丰海淘、跨境通等），另外国内电商网站的境外购物频道（天猫国际、京东全球购、聚美极速免税店等）和个人代购也成为国内用户购买跨境商品的主要途径。

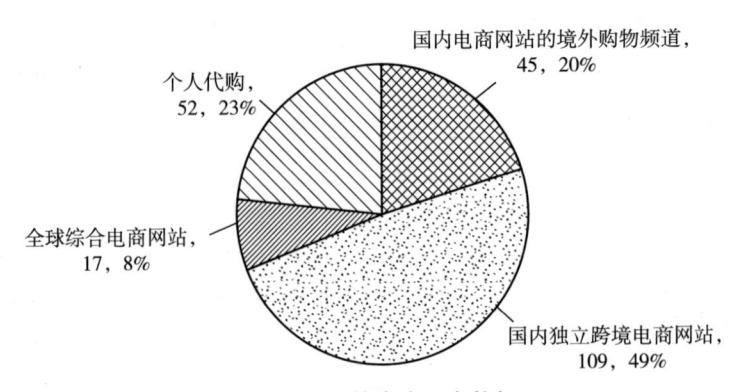

图4-2 跨境电商平台偏好

4.2.2 信度与效度检验分析

1. 信度分析

对问卷调研而言，信度就是指量表工具所测得的数据的稳定性和一致性，也就是说，量表的信度越大，则其测量的标准误差就越小。在李克特量表法中通常采用 Cronbach's α 系数作为信度检验方法（吴明隆，2010）。Cronbach's α 值可以检验数据内部一致性，也可以检验试题间相互关联的程度。α 系数越高表明信度越高，一般情况下 α 系数大于 0.5，说明问卷量表信度良好。

（1）线上互动。对线上互动的因子进行信度分析，结果显示所有题项的总体相关系数均大于 0.40，同时各变量的 Cronbach's α 系数均大于 0.65，说明线下互动各题项之间具有较好的内部一致性（见表 4-3）。

表 4-3　　　　　　　线上互动的信度检验（$N=223$）

变量	题项	总体相关系数	删除题项后 Cronbach's α 系数	Cronbach's α 系数
可控性	有效地控制平台体验过程	0.508	0.538	0.662
	自由选择我想要看的内容	0.443	0.609	
	行为决定了我的平台体验	0.498	0.541	
同步性	处理了我的输入信息	0.685	0.840	0.866
	获取信息的速度非常快	0.762	0.809	
	及时地获得我想要的信息	0.792	0.796	
	从平台获得实时信息	0.625	0.864	

续表

变量	题项	总体相关系数	删除题项后Cronbach's α 系数	Cronbach's α 系数
交互性	收集访客的反馈意见	0.725	0.826	0.865
	促进访客与平台的双向沟通	0.775	0.804	
	乐于倾听访客的意见	0.794	0.796	
	给予访客提意见的机会	0.590	0.877	

（2）线下互动。对线下互动的因子进行信度分析，结果显示所有题项的总体相关系数均大于0.35，同时各变量的Cronbach's α 系数均大于0.6，说明线下互动各题项之间具有较好的内部一致性（见表4-4）。

表4-4 　　　　　　线下互动的信度检验（$N=223$）

变量	题项	总体相关系数	删除题项后Cronbach's α 系数	Cronbach's α 系数
双向交流	提供了大量的反馈意见	0.482	0.480	0.629
	交流是双向的	0.464	0.507	
	交换的信息是开放的	0.398	0.624	
顾客参与	广泛的面对面交流	0.559	0.833	0.808
	以小组的形式进行讨论	0.695	0.696	
	参与平台成员工作会议	0.723	0.668	
共同解决	与平台成员共同处理问题	0.747	0.890	0.895
	与平台成员认真讨论问题	0.813	0.832	
	与平台成员共同解决	0.820	0.827	

（3）顾客融入行为。对顾客融入行为的因子进行信度分析，结果

显示所有题项的总体相关系数均大于 0.60，同时各变量的 Cronbach's α 系数均大于 0.75，说明顾客融入行为各题项之间具有较好的内部一致性（见表 4-5）。

表 4-5　　　　　　顾客融入行为的信度检验（$N=223$）

变量	题项	总体相关系数	删除题项后 Cronbach's α 系数	Cronbach's α 系数
合作行为	我做的事情有助于他人工作	0.636		0.777
	我协助平台提供更好的服务	0.636		
反馈行为	提供良好服务及时反馈	0.712		0.830
	遇到问题及时通知平台人员	0.712		
推荐行为	向对该平台感兴趣的人推荐	0.714	0.841	0.866
	向家人和朋友推荐该平台	0.752	0.804	
	向其他人表示肯定	0.770	0.790	

（4）价值共创。对价值共创行为的因子进行信度分析，结果显示所有题项的总体相关系数均大于 0.70，同时各变量的 Cronbach's α 系数均大于 0.80，说明顾客融入行为各题项之间具有较好的内部一致性（见表 4-6）。

表 4-6　　　　　　价值共创的信度检验（$N=223$）

变量	题项	总体相关系数	删除题项后 Cronbach's α 系数	Cronbach's α 系数
实用价值	该平台中交流很方便	0.713	0.816	0.857
	通过平台获取信息效率很高	0.807	0.727	
	通过平台交流获取需要信息	0.696	0.839	

续表

变量	题项	总体相关系数	删除题项后 Cronbach's α 系数	Cronbach's α 系数
享乐价值	使用该平台感觉愉悦	0.618	0.813	0.821
	我自愿选择该平台	0.711	0.733	
	使用该平台是明智之举	0.719	0.711	

2. 效度分析——探索性分析

（1）线上互动。将线上互动的11个相关题项进行降维分析，采用最大方差法进行旋转，根据特征根大于1，因子载荷系数大于0.5的要求，结果显示三个维度变量的测度题项很好地负载到预设测度因子上，通过对结果进行分析发现，题项因子分析结果与理论假设相符，线上互动的三个维度变量的测度题项都能较好地负载到预设测度因子上，最终的KMO值为0.864（大于0.8），通过了因子分析的效度检验（见表4-7）。

表4-7　　　　　　　线上互动载荷（$N=223$）

题项	描述性统计分析		因子载荷系数		
	均值	标准差	可控性	同步性	交互性
有效地控制平台体验过程	5.35	1.285	0.722	0.196	0.213
自由选择我想要看的内容	5.92	0.965	0.765	0.205	0.022
行为决定了我的平台体验	5.73	0.991	0.706	0.191	0.203
处理了我的输入信息	5.69	1.026	0.283	0.797	0.119
获取信息的速度非常快	5.78	1.02	0.118	0.863	0.229

续表

题项	描述性统计分析		因子载荷系数		
	均值	标准差	可控性	同步性	交互性
及时地获得我想要的信息	5.77	1.026	0.263	0.787	0.317
从平台获得实时信息	5.72	1.007	0.268	0.619	0.362
收集访客的反馈意见	5.42	1.171	0.014	0.312	0.803
促进访客与平台的双向沟通	5.47	1.169	0.143	0.226	0.839
乐于倾听访客的意见	5.57	1.148	0.24	0.151	0.853
给予访客提意见的机会	5.78	0.905	0.173	0.176	0.704

KMO 值为：0.864，Bartlett's Test of Sphericity 显著异于 0（$p < 0.001$）

（2）线下互动。将线下互动的 10 个相关题项进行降维分析，采用最大方差法进行旋转，根据特征根大于 1，因子载荷系数大于 0.5 的要求，结果显示三个维度变量的测度题项都不能很好地负载到预设测度因子上，通过对结果进行分析发现，大部分题项因子分析结果与理论假设相符，然而双向交流的 3 个题项较为分散，顾客参与的第 4 个题项与共同解决因子重复。

剔除顾客参与的第 4 题项后再次对线下互动的 9 个相关题项进行降维分析，操作同上，显示结果只聚合为两个因子，与之前问卷的设计有出入，因此将共同因子的抽取个数设定为 3，再次进行旋转载荷。根据载荷结果显示，线下互动的三个维度变量的测度题项都能较好地负载到预设测度因子上，最终的 KMO 值为 0.844（大于 0.8），通过了因子分析的效度检验（见表 4-8）。

表 4-8　　　　　　　　　　线下互动载荷（$N=223$）

题项	描述性统计分析		因子载荷系数		
	均值	标准差	双向交流	顾客参与	共同解决
向我提供了大量的反馈意见	5.31	1.189	0.817	0.03	0.115
交流是双向的	5.54	1.165	0.703	0.057	0.446
交换的信息是开放的	5.02	1.546	0.669	0.358	-0.16
广泛的面对面交流	4.32	1.664	0.421	0.679	0.19
经常以小组的形式进行讨论	4.02	1.76	0.059	0.763	0.43
参与平台成员的工作会议	3.27	1.642	0.07	0.801	0.383
与平台成员共同处理问题	5.06	1.486	0.172	0.326	0.791
与平台成员认真地讨论问题	5.18	1.463	0.07	0.277	0.860
与平台成员共同解决	5.34	1.417	0.08	0.265	0.865

KMO 值为：0.844，Bartlett's Test of Sphericity 显著异于 0（$p<0.001$）

（3）顾客融入行为。将顾客融入行为的 8 个相关题项进行降维分析，采用最大方差法进行旋转，根据特征根大于 1，因子载荷系数大于 0.5 的要求，结果显示反馈行为的第 1 个题项没有很好地负载到预设测度因子上，通过对结果进行分析，将该题项剔除后，继续以上操作，显示结果只聚合为两个因子，与之前问卷的设计有出入，因此将共同因子的抽取个数设定为 3，再次进行旋转载荷。根据载荷结果显示，顾客融入行为的三个维度变量的测度题项都能较好地负载到预设测度因子上，最终的 KMO 值为 0.772（大于 0.2），通过了因子分析的效度检验（见表 4-9）。

表 4 – 9　　　　　　　　顾客融入行为载荷（$N=223$）

题项	描述性统计分析		因子载荷系数		
	均值	标准差	合作行为	反馈行为	推荐行为
我做的事情有助于他人工作	5.58	0.964	0.841	0.252	0.177
我协助平台提供更好的服务	5.56	1.016	0.880	0.17	0.165
提供良好服务及时反馈	5.61	1.145	0.294	0.865	0.13
遇到问题及时通知平台人员	5.63	1.061	0.153	0.889	0.24
向对该平台感兴趣的人推荐	5.97	1.009	0.067	0.25	0.840
向家人和朋友推荐该平台	5.97	0.977	0.165	0.141	0.867
向其他人表示肯定	6.07	0.93	0.225	0.088	0.875

KMO 值为：0.772，Bartlett's Test of Sphericity 显著异于 0（$p<0.001$）

（4）价值共创。将价值共创的 7 个相关题项进行降维分析，采用最大方差法进行旋转，根据特征根大于 1，因子载荷系数大于 0.5 的要求，显示结果只聚合为 1 个因子，与之前问卷的设计有出入。又将特征根改为大于 0.5，因子载荷系数大于 0.5 的要求，再次进行旋转载荷。根据载荷结果显示，价值共创的实用价值第 4 个题项没有较好地负载到预设测度因子上。因此剔除掉该题项后再次进行旋转载荷，根据载荷结果显示，价值共创的两个维度变量的测度题项都能较好地负载到预设测度因子上，最终的 KMO 值为 0.822（大于 0.8），通过了因子分析的效度检验（见表 4 – 10）。

表 4 – 10　　　　　　　　价值共创载荷（$N=223$）

题项	描述性统计分析		因子载荷系数	
	均值	标准差	实用价值	享乐价值
该平台中交流很方便	5.76	1.01	0.838	0.246
通过平台获取的信息效率很高	5.75	1.089	0.904	0.198
通过平台交流获取了自己需要的信息	6.01	0.791	0.759	0.382

续表

题项	描述性统计分析		因子载荷系数	
	均值	标准差	实用价值	享乐价值
使用该平台感觉愉悦	6.01	0.791	0.521	0.624
我自愿选择该平台	6.26	0.674	0.188	0.899
使用该平台是明智之举	6.12	0.841	0.288	0.847
KMO 值为：0.822，Bartlett's Test of Sphericity 显著异于 0 ($p<0.001$)				

3. 验证性因子分析

自变量——线上互动、中间变量——顾客融入行为、因变量——价值共创都通过了因子分析的效度检验，接着要对所有变量进行验证性因子分析，从而确保所测的因子结构与构建的相符。

首先对线上互动中的可控性、同步性、交互性三个变量的测度进行验证性因子分析，主要采用 χ^2/df、RMSEA、TLI 和 CFI 四个拟合指标来判断模型与数据的拟合程度，经过拟合和两次修订，得出最终测量模型及拟合结果，如图 4-3 和表 4-11 所示。

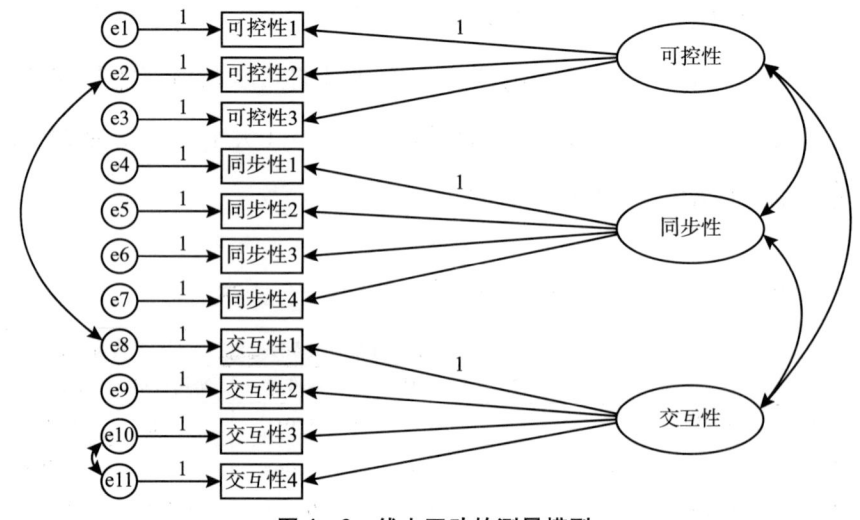

图 4-3 线上互动的测量模型

表 4-11　　　　　　　线上互动测量模型拟合结果（$N=223$）

路径			标准化路径系数	路径系数	CR	p
可控性 1	←	可控性	0.679	1.000		
可控性 2	←	可控性	0.561	0.618	6.403	***
可控性 3	←	可控性	0.653	0.741	7.213	***
同步性 1	←	同步性	0.743	1.000		
同步性 2	←	同步性	0.816	1.092	12.207	***
同步性 3	←	同步性	0.887	1.194	12.535	***
同步性 4	←	同步性	0.708	0.936	10.141	***
交互性 1	←	交互性	0.834	1.000		
交互性 2	←	交互性	0.874	1.050	14.793	***
交互性 3	←	交互性	0.808	0.953	13.405	***
交互性 4	←	交互性	0.571	0.531	8.520	***
χ^2			72.424	CFI	0.972	
df			39	TLI	0.960	

注：*** 表示显著性水平 $p<0.001$。

根据结果显示，χ^2 值为 72.424（自由度 df = 39），χ^2/df 值为 1.857（小于 2）；CFI 与 TLI 都大于 0.9，接近于 1；RMSEA 的值为 0.062（小于 0.1）；各路径系数均在 $p<0.001$ 的水平上显著。由此可见，该模型的拟合效果很好，因子结构通过了验证，即对可控性、同步性、交互性三个变量的划分与测度是有效的。

其次对线下互动中的双向交流、顾客参与、共同解决三个变量的测度进行验证性因子分析，主要采用 χ^2/df、RMSEA、TLI 和 CFI 四个拟合指标来判断模型与数据的拟合程度，经过拟合得出最终测量模型及拟合结果分别如图 4-4 和表 4-12 所示。

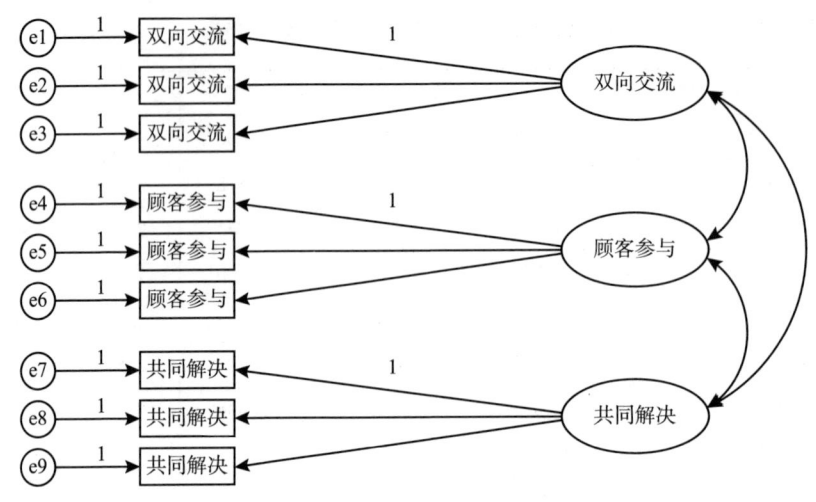

图 4-4　线下互动的测量模型

表 4-12　　　　　　线下互动测量模型拟合结果（$N=223$）

路径			标准化路径系数	路径系数	CR	p
双向交流 1	←	双向交流	0.571	1.000		
双向交流 2	←	双向交流	0.803	1.377	5.294	***
双向交流 3	←	双向交流	0.444	1.010	5.142	***
顾客参与 1	←	顾客参与	0.630	1.000		
顾客参与 2	←	顾客参与	0.842	1.415	9.354	***
顾客参与 3	←	顾客参与	0.840	1.315	9.506	***
共同解决 1	←	共同解决	0.813	1.000		
共同解决 2	←	共同解决	0.886	1.073	15.076	***
共同解决 3	←	共同解决	0.890	1.043	15.195	***
χ^2			72.888		CFI	0.947
df			24		TLI	0.901

注：*** 表示显著性水平 $p<0.001$。

根据结果显示，χ^2 值为 72.888（自由度 df = 24），χ^2/df 值为

3.307（大于2）；CFI 与 TLI 都大于 0.9；RMSEA 的值为 0.062（小于 0.1）；各路径系数均在 $p<0.001$ 的水平上显著。由此可见，该模型的拟合效果一般，因子结构通过了验证，即对双向交流、顾客参与、共同解决三个变量的划分与测度是有效的。

再次对顾客融入行为中的合作行为、反馈行为和推荐行为三个变量的测度进行验证性因子分析，主要采用 χ^2/df、RMSEA、TLI 和 CFI 四个拟合指标来判断模型与数据的拟合程度，经过拟合得出最终测量模型及拟合结果分别如图 4-5 和表 4-13 所示。

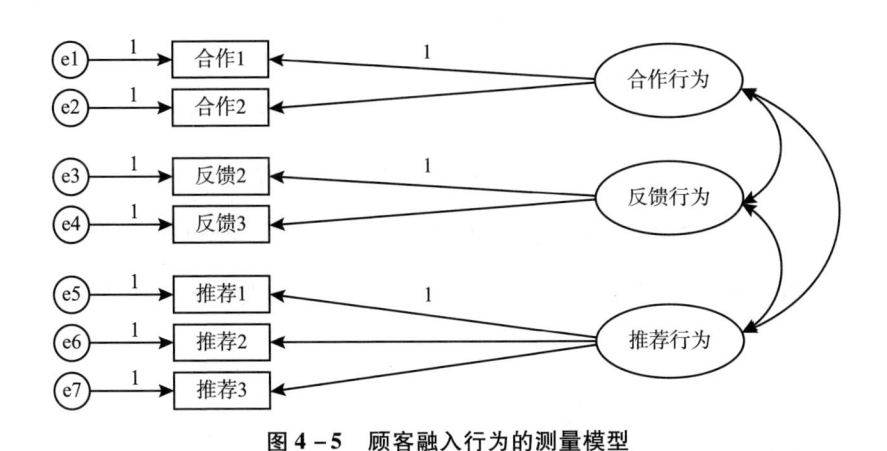

图 4-5 顾客融入行为的测量模型

表 4-13　　　顾客融入行为测量模型拟合结果（$N=223$）

路径			标准化路径系数	路径系数	CR	p
合作 1	←	合作行为	0.833	1.000		
合作 2	←	合作行为	0.764	0.966	8.328	***
反馈 2	←	反馈行为	0.862	1.000		
反馈 3	←	反馈行为	0.826	0.888	9.333	***
推荐 1	←	推荐行为	0.783	1.000		

续表

路径			标准化路径系数	路径系数	CR	p
推荐2	←	推荐行为	0.838	1.037	12.647	***
推荐3	←	推荐行为	0.863	1.016	12.848	***
χ^2		18.446		CFI	0.989	
df		11		TLI	0.980	

注：*** 表示显著性水平 $p<0.001$。

根据结果显示，χ^2 值为 18.446（自由度 df = 11），χ^2/df 值为 1.677（小于2）；CFI 与 TLI 都大于 0.9，接近于 1；RMSEA 的值为 0.055（小于0.1）；各路径系数均在 $p<0.001$ 的水平上显著。由此可见，该模型的拟合效果很好，因子结构通过了验证，即对合作行为、反馈行为和推荐行为三个变量的划分与测度是有效的。

最后对价值共创的测度进行验证性因子分析，经过拟合与两次修订，得出最终测量模型及拟合结果，如图 4-6 和表 4-14 所示。

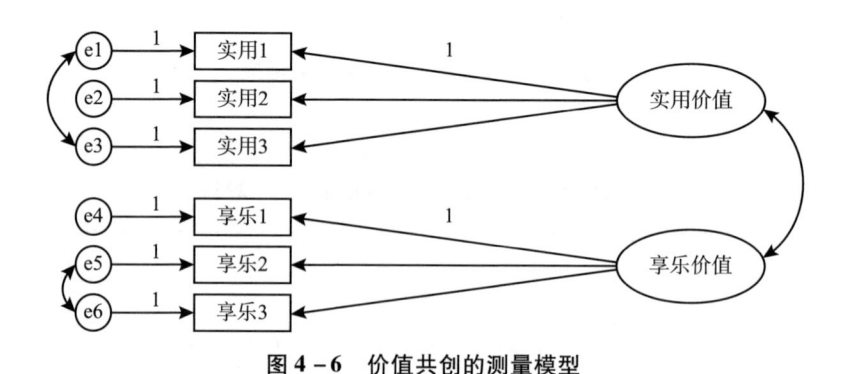

图 4-6 价值共创的测量模型

表 4-14　　　　价值共创测量模型拟合结果（$N=223$）

路径			标准化路径系数	路径系数	CR	p
实用1	←	实用价值	0.878	1.000		
实用2	←	实用价值	0.811	0.995	12.136	***
实用3	←	实用价值	0.889	0.861	12.276	***
享乐1	←	享乐价值	0.831	1.000		
享乐2	←	享乐价值	0.665	0.682	9.145	***
享乐3	←	享乐价值	0.703	0.899	9.573	***
χ^2		9.902	CFI		0.995	
df		6	TLI		0.986	
χ^2/df		1.650	RMSEA		0.054	

注：*** 表示显著性水平 $p<0.001$。

根据结果显示，χ^2 值为 9.902（自由度 df=6），χ^2/df 值为 1.650（小于2）；CFI 与 TLI 都大于 0.9，接近于 1；RMSEA 的值为 0.054（小于0.1），各路径系数均在 $p<0.001$ 的水平上具有显著性，说明对众包绩效的测度是有效的。

4.3　回归分析

4.3.1　相关分析

在构建结构方程模型前，还需对结构方程涉及的所有变量进行简单相关分析。见表 4-15 和表 4-16，线上互动（可控性、同步性、交互性）和线下互动（双向交流、顾客参与、共同解决）分别与顾客融入行为（合作行为、反馈行为、推荐行为）和价值共创之间均有显著的正向相关关系。

表4-15　线上互动描述性统计分析及各变量间相关关系（$N=223$）

变量	均值	标准差	1	2	3	4	5	6	7	8
（1）可控性	5.67	0.84	1							
（2）同步性	5.73	0.86	0.538**	1						
（3）交互性	5.56	0.93	0.399**	0.560**	1					
（4）合作行为	5.57	0.90	0.420**	0.396**	0.434**	1				
（5）反馈行为	5.63	1.02	0.376**	0.435**	0.429**	0.490**	1			
（6）推荐行为	6.01	0.86	0.352**	0.485**	0.468**	0.389**	0.409**	1		
（7）实用价值	5.81	0.87	0.477**	0.584**	0.594**	0.516**	0.467**	0.567**	1	
（8）享乐价值	6.13	0.66	0.424**	0.521**	0.433**	0.389**	0.369**	0.696**	0.633**	1

注：** 表示在置信度（双测）为0.01时，相关性是显著的。

表4-16　线下互动描述性统计分析及各变量间相关关系（$N=223$）

变量	均值	标准差	1	2	3	4	5	6	7	8
（1）双向交流	5.3	1.000	1							
（2）顾客参与	3.87	1.430	0.428**	1						
（3）共同解决	5.19	1.320	0.329**	0.640**	1					
（4）合作行为	5.57	0.900	0.338**	0.399**	0.508**	1				
（5）反馈行为	5.63	1.020	0.381**	0.367**	0.474**	0.490**	1			
（6）推荐行为	6.01	0.860	0.350**	0.182**	0.352**	0.389**	0.409**	1		
（7）实用价值	5.81	0.870	0.392**	0.407**	0.477**	0.516**	0.467**	0.567**	1	
（8）享乐价值	6.13	0.660	0.402**	0.243**	0.387**	0.389**	0.369**	0.696**	0.633**	1

注：** 表示在置信度（双测）为0.01时，相关性是显著的。

4.3.2 互动对价值共创的影响

1. 线上互动对价值共创的影响

（1）线上互动对实用价值的影响。为了验证线上互动的三个因子对实用价值之间的关系，以实用价值为因变量，以可控性、同步性、交互性作为线上互动的自变量，以收入为控制变量，建立回归模型（见表4-17）。

表4-17　　　　线上互动对实用价值影响的回归分析

变量	模型1		模型2		模型3		模型4	
	回归系数	标准误差	回归系数	标准误差	回归系数	标准误差	回归系数	标准误差
常数项	5.530***	0.139	2.947***	0.355	1.753***	0.360	1.183**	0.347
控制变量								
收入	0.207	0.092	0.098	0.083	0.065	0.075	0.058	0.069
ISE								
可控性			0.482***	0.062	0.232**	0.066	0.181**	0.062
同步性					0.464***	0.064	0.285***	0.067
交互性							0.341***	0.056
模型统计量								
R^2	0.022		0.232		0.380		0.469	
R^2 调整后	0.018		0.225		0.371		0.459	
R^2 变动	0.022		0.210		0.148		0.069	
F 统计值	5.045*		33.315***		44.741***		48.065***	

注：被解释变量为实用价值。

*** 表示显著性水平 $p<0.001$（双尾检验）；** 表示显著性水平 $p<0.01$（双尾检验）；* 表示显著性水平 $p<0.1$（双尾检验）。

根据 SPSS 回归分析结果显示，可控性互动、同步性互动和交互性互动对实用价值产生正向且显著的影响，因此假设 H1a、H1b、H1c 均成立。

（2）线上互动对享乐价值的影响。为了验证线上互动的三个因子对享乐价值之间的关系，以实用价值为因变量，以可控性、同步性、交互性作为线上互动的自变量，以收入为控制变量，建立回归模型（见表 4-18）。

表 4-18　　　　　线上互动对享乐价值影响的回归分析

变量	模型 1		模型 2		模型 3		模型 4	
	回归系数	标准误差	回归系数	标准误差	回归系数	标准误差	回归系数	标准误差
常数项	5.890 ***	0.105	4.171 ***	0.277	3.363 ***	0.289	3.150 ***	0.296
控制变量								
收入	0.174	0.070	0.102	0.065	0.079	0.060	3.150	0.296
ISE								
可控性			0.321 ***	0.048	0.151 **	0.053	0.132 *	0.053
同步性					0.314 ***	0.052	0.247 ***	0.057
交互性							0.127 **	0.048
模型统计量								
R^2	0.027		0.189		0.306		0.328	
R^2 调整后	0.023		0.182		0.297		0.315	
R^2 变动	0.027		0.162		0.117		0.012	
F 统计值	6.227 *		25.621 ***		32.191 ***		26.547 ***	

注：被解释变量为享乐价值。
*** 表示显著性水平 $p<0.001$（双尾检验）；** 表示显著性水平 $p<0.01$（双尾检验）；* 表示显著性水平 $p<0.1$（双尾检验）。

根据 SPSS 回归分析结果显示，可控性互动、同步性互动和交互性互动对享乐价值产生正向且显著的影响，因此假设 H2a、H2b、H2c 均成立。

2. 线下互动对价值共创的影响

（1）线下互动对实用价值的影响。为了验证线下互动的三个因子对实用价值之间的关系，以实用价值为因变量，以双向交流、顾客参与、共同解决作为线上互动的自变量，以收入为控制变量，建立回归模型（见表 4-19）。

表 4-19　　　　　线下互动与实用价值影响的回归分析

变量	模型 1		模型 2		模型 3		模型 4	
	回归系数	标准误差	回归系数	标准误差	回归系数	标准误差	回归系数	标准误差
常数项	5.530***	0.139	3.884***	0.300	3.801***	0.289	3.212***	0.303
控制变量								
收入	0.207	0.092	0.131	0.086	0.105	0.083	0.115	0.079
ISE								
双向交流			0.330***	0.054	0.226***	0.058	0.205***	0.055
顾客参与					0.174***	0.040	0.045	0.047
共同解决							0.228***	0.049
模型统计量								
R^2	0.022		0.163		0.229		0.300	
R^2 调整后	0.018		0.155		0.219		0.287	
R^2 变动	0.022		0.141		0.088		0.071	
F 统计值	5.045*		21.386***		21.735***		23.343***	

注：被解释变量为实用价值。

*** 表示显著性水平 $p<0.001$（双尾检验）；** 表示显著性水平 $p<0.01$（双尾检验）；* 表示显著性水平 $p<0.1$（双尾检验）。

根据 SPSS 回归分析结果显示，双向交流、共同解决对实用价值产生正向且显著的影响，因此假设 H8a、H8c 均成立。而顾客参与对实用价值产生的影响不显著，因此假设 H8b 不成立。

（2）线下互动对享乐价值的影响。为了验证线下互动的三个因子对实用价值之间的关系，以享乐价值为因变量，以双向交流、顾客参与、共同解决作为线上互动的自变量，以收入为控制变量，建立回归模型（见表 4 – 20）。

表 4 – 20　　　　　　线下互动与享乐价值影响的回归分析

变量	模型 1		模型 2		模型 3		模型 4	
	回归系数	标准误差	回归系数	标准误差	回归系数	标准误差	回归系数	标准误差
常数项	5.890***	0.105	4.615***	0.226	4.598***	0.227	4.127***	0.237
控制变量								
收入	0.174	0.070	0.115	0.065	0.110	0.065	0.118	0.062
ISE								
双向交流			0.256***	0.041	0.234***	0.045	0.218***	0.043
顾客参与					0.036	0.031	-0.067	0.037
共同解决							0.183***	0.038
模型统计量								
R^2	0.027		0.174		0.179		0.257	
R^2 调整后	0.023		0.166		0.167		0.243	
R^2 变动	0.027		0.147		0.005		0.078	
F 统计值	6.227*		23.123***		15.875***		18.852***	

注：被解释变量为享乐价值。

*** 表示显著性水平 $p < 0.001$（双尾检验）；** 表示显著性水平 $p < 0.01$（双尾检验）；* 表示显著性水平 $p < 0.1$（双尾检验）。

根据 SPSS 回归分析结果显示，双向交流、共同解决对享乐价值产生正向且显著的影响，因此假设 H9a、H9c 均成立。而顾客参与对享乐价值产生的影响不显著，因此假设 H9b 不成立。

4.3.3 互动对顾客融入行为的影响

1. 线上互动对顾客融入行为的影响

（1）线上互动对合作行为的影响。为了验证线上互动的三个因子对合作行为之间的关系，以合作行为为因变量，以可控性、同步性、交互性作为线上互动的自变量，以收入为控制变量，建立回归模型（见表4-21）。

表4-21　　　　　　线上互动对合作行为影响的回归分析

变量	模型1		模型2		模型3		模型4	
	回归系数	标准误差	回归系数	标准误差	回归系数	标准误差	回归系数	标准误差
常数项	5.379***	0.144	3.000***	0.379	2.357	0.417	1.915***	0.420
控制变量								
收入	0.139	0.095	0.039	0.088	0.021	0.087	0.015	0.084
ISE								
可控性			0.444***	0.066	0.309***	0.076	0.270***	0.075
同步性					0.250***	0.074	0.111	0.081
交互性							0.264***	0.068
模型统计量								
R^2	0.009		0.177		0.217		0.267	
R^2 调整后	0.005		0.170		0.207		0.254	

续表

变量	模型 1		模型 2		模型 3		模型 4	
	回归系数	标准误差	回归系数	标准误差	回归系数	标准误差	回归系数	标准误差
R^2 变动	0.009		0.168		0.040		0.012	
F 统计值	2.114 *		23.655 ***		20.261 ***		19.902 ***	

注：被解释变量为合作行为。

*** 表示显著性水平 $p<0.001$（双尾检验）；** 表示显著性水平 $p<0.01$（双尾检验）；* 表示显著性水平 $p<0.1$（双尾检验）。

根据 SPSS 回归分析结果显示，可控性、交互性对合作行为产生正向且显著的影响，因此假设 H3a、H3c 均成立；而同步性与合作行为产生的影响并不显著，因此假设 H3b 不成立。

（2）线上互动对反馈行为的影响。为了验证线上互动的三个因子对反馈行为之间的关系，以反馈行为为因变量，以可控性、同步性、交互性作为线上互动的自变量，以收入为控制变量，建立回归模型（见表 4-22）。

表 4-22　　　　　　线上互动对反馈行为影响的回归分析

变量	模型 1		模型 2		模型 3		模型 4	
	回归系数	标准误差	回归系数	标准误差	回归系数	标准误差	回归系数	标准误差
常数项	5.321 ***	0.164	2.947 ***	0.440	1.953 ***	0.475	1.498 **	0.481
控制变量								
收入	0.222	0.108	0.123	0.103	0.095	0.099	0.089	0.096
ISE								
可控性			0.443 ***	0.077	0.235 **	0.087	0.194 *	0.086
同步性					0.386 ***	0.085	0.243 **	0.092

续表

变量	模型1		模型2		模型3		模型4	
	回归系数	标准误差	回归系数	标准误差	回归系数	标准误差	回归系数	标准误差
交互性							0.272**	0.078
模型统计量								
R^2	0.019		0.147		0.221		0.262	
R^2 调整后	0.014		0.139		0.210		0.248	
R^2 变动	0.019		0.074		0.074		0.041	
F 统计值	4.205*		18.949***		20.692***		19.314***	

注：被解释变量为反馈行为。

*** 表示显著性水平 $p<0.001$（双尾检验）；** 表示显著性水平 $p<0.01$（双尾检验）；* 表示显著性水平 $p<0.1$（双尾检验）。

根据 SPSS 回归分析结果显示，可控性互动、同步性互动和交互性互动对反馈行为产生正向且显著的影响，因此假设 H4a、H4b、H4c 均成立。

（3）线上互动对推荐行为的影响。为了验证线上互动的三个因子对推荐行为之间的关系，以推荐行为为因变量，以可控性、同步性、交互性作为线上互动的自变量，以收入为控制变量，建立回归模型（见表 4-23）。

表 4-23　　　　　　线上互动对推荐行为影响的回归分析

变量	模型1		模型2		模型3		模型4	
	回归系数	标准误差	回归系数	标准误差	回归系数	标准误差	回归系数	标准误差
常数项	5.817***	0.139	3.913***	0.376	2.836***	0.394	2.412***	0.396
控制变量								
收入	0.138	0.092	0.058	0.088	0.028	0.082	0.023	0.079

续表

变量	模型1		模型2		模型3		模型4	
	回归系数	标准误差	回归系数	标准误差	回归系数	标准误差	回归系数	标准误差
ISE								
可控性			0.355***	0.066	0.130*	0.072	0.092*	0.070
同步性					0.418***	0.070	0.285***	0.076
交互性							0.254***	0.064
模型统计量								
R^2	0.010		0.126		0.248		0.298	
R^2调整后	0.006		0.118		0.237		0.285	
R^2变动	0.010		0.116		0.122		0.050	
F统计值	2.262*		15.856***		24.032***		23.089***	

注：被解释变量为推荐行为。

*** 表示显著性水平 $p<0.001$（双尾检验）；** 表示显著性水平 $p<0.01$（双尾检验）；* 表示显著性水平 $p<0.1$（双尾检验）。

根据 SPSS 回归分析结果显示，可控性互动、同步性互动和交互性互动对推荐行为产生正向且显著的影响，因此假设 H5a、H5b、H5c 均成立。

2. 线下互动对顾客融入行为的影响

（1）线下互动对合作行为的影响。为了验证线下互动的三个因子对合作行为之间的关系，以合作行为为因变量，以双向交流、顾客参与、共同解决作为线上互动的自变量，以收入为控制变量，建立回归模型（见表4-24）。

表 4-23　　　　　　　线下互动对合作行为影响的回归分析

变量	模型 1		模型 2		模型 3		模型 4	
	回归系数	标准误差	回归系数	标准误差	回归系数	标准误差	回归系数	标准误差
常数项	5.379***	0.144	3.895***	0.318	3.802***	0.305	3.079***	0.314
控制变量								
收入	0.139	0.095	0.071	0.091	0.041	0.088	0.054	0.082
ISE								
双向交流			0.298***	0.058	0.181*	0.061	0.156*	0.057
顾客参与					0.194***	0.042	0.035	0.049
共同解决							0.280***	0.050
模型统计量								
R^2	0.009		0.117		0.194		0.295	
R^2 调整后	0.005		0.109		0.183		0.282	
R^2 变动	0.009		0.108		0.083		0.101	
F 统计值	2.114*		14.539***		17.615***		22.750***	

注：被解释变量为合作行为。

*** 表示显著性水平 $p<0.001$（双尾检验）；** 表示显著性水平 $p<0.01$（双尾检验）；* 表示显著性水平 $p<0.1$（双尾检验）。

根据 SPSS 回归分析结果显示，双向交流、共同解决对合作行为产生正向且显著的影响，因此假设 H10a、H10c 均成立。而顾客参与对合作行为产生的影响不显著，因此假设 H10b 不成立。

（2）线下互动对反馈行为的影响。为了验证线下互动的三个因子对合作行为之间的关系，以反馈行为为因变量，以双向交流、顾客参与、共同解决作为线上互动的自变量，以收入为控制变量，建立回归模型（见表 4-25）。

表4-25　　　　　　　线下互动对反馈行为影响的回归分析

变量	模型1		模型2		模型3		模型4	
	回归系数	标准误差	回归系数	标准误差	回归系数	标准误差	回归系数	标准误差
常数项	5.321***	0.164	3.437***	0.355	3.353***	0.346	2.583***	0.360
控制变量								
收入	0.222	0.108	0.136	0.102	0.109	0.100	0.122	0.094
ISE								
双向交流			0.387***	0.064	0.273***	0.069	0.246***	0.065
顾客参与					0.175	0.048	0.006	0.056
共同解决							0.298***	0.058
模型统计量								
R^2	0.019		0.152		0.200		0.287	
R^2 调整后	0.014		0.144		0.189		0.274	
R^2 变动	0.019		0.133		0.048		0.087	
F统计值	4.205*		19.669***		18.276***		21.973***	

注：被解释变量为反馈行为。

***表示显著性水平 $p<0.001$（双尾检验）；**表示显著性水平 $p<0.01$（双尾检验）；*表示显著性水平 $p<0.1$（双尾检验）。

根据SPSS回归分析结果显示，双向交流、共同解决对反馈行为产生正向且显著的影响，因此假设H11a、H11c均成立。而顾客参与对反馈行为产生的影响不显著，因此假设H11b不成立。

（3）线下互动对推荐行为的影响。为了验证线下互动的三个因子对合作行为之间的关系，以推荐行为为因变量，以双向交流、顾客参与、共同解决作为线上互动的自变量，以收入为控制变量，建立回归模型（见表4-26）。

表 4-26　　　　　　　线下互动对合作行为影响的回归分析

变量	模型 1		模型 2		模型 3		模型 4	
	回归系数	标准误差	回归系数	标准误差	回归系数	标准误差	回归系数	标准误差
常数项	5.321***	0.164	3.437***	0.355	3.353***	0.346	2.583***	0.360
控制变量								
收入	0.138	0.092	0.070	0.087	0.067	0.088	0.078	0.084
ISE								
双向交流			0.297***	0.055	0.284***	0.061	0.262***	0.058
顾客参与					0.021	0.042	-0.117	0.050
共同解决							0.243***	0.051
模型统计量								
R^2	0.010		0.125		0.126		0.207	
R^2 调整后	0.006		0.117		0.114		0.193	
R^2 变动	0.010		0.115		0.001		0.081	
F 统计值	2.262*		15.723***		10.529***		14.246***	

注：被解释变量为推荐行为。
*** 表示显著性水平 $p<0.001$（双尾检验）；** 表示显著性水平 $p<0.01$（双尾检验）；* 表示显著性水平 $p<0.1$（双尾检验）。

根据 SPSS 回归分析结果显示，双向交流、共同解决对推荐行为产生正向且显著的影响，因此假设 H12a、H12c 均成立。而顾客参与对推进行为产生的影响不显著，因此假设 H12b 不成立。

4.3.4　顾客融入行为对价值共创的影响

1. 顾客融入行为对实用价值的影响

为了验证顾客融入行为的三个因子对实用价值之间的关系，以实用价值为因变量,以合作行为、反馈行为、推荐行为顾客融入行为的自变量,以收入为控制变量,建立回归模型(见表 4-27)。

表 4-27　　　　　顾客融入行为对实用价值影响的回归分析

变量	模型 1		模型 2		模型 3		模型 4	
	回归系数	标准误差	回归系数	标准误差	回归系数	标准误差	回归系数	标准误差
常数项	5.530 ***	0.139	2.887 ***	0.323	2.338 ***	0.337	1.070 **	0.359
控制变量								
收入	0.207	0.092	0.138	0.080	0.105	0.077	0.084	0.070
ISE								
合作行为			0.491 ***	0.056	0.364 ***	0.061	0.272 ***	0.058
反馈行为					0.232 ***	0.054	0.139 **	0.051
推荐行为							0.388 ***	0.057
模型统计量								
R^2	0.022		0.227		0.332		0.449	
R^2 调整后	0.018		0.270		0.323		0.439	
R^2 变动	0.022		0.205		0.105		0.117	
F 统计值	5.045 *		42.076 ***		36.359 ***		44.388 ***	

注:被解释变量为实用价值。
*** 表示显著性水平 $p<0.001$(双尾检验);** 表示显著性水平 $p<0.01$(双尾检验);* 表示显著性水平 $p<0.1$(双尾检验)。

根据 SPSS 回归分析结果显示,合作行为、反馈行为、推荐作为对实用价值产生正向且显著的影响,因此假设 H6a、H6b、H6c 均成立。

2. 顾客融入行为对享乐价值的影响

为了验证顾客融入行为的三个因子对享乐价值之间的关系,以享乐价值为因变量，以合作行为、反馈行为、推荐行为顾客融入行为的自变量，以收入为控制变量，建立回归模型（见表4-28）。

表4-28 顾客融入行为对享乐价值影响的回归分析

变量	模型1		模型2		模型3		模型4	
	回归系数	标准误差	回归系数	标准误差	回归系数	标准误差	回归系数	标准误差
常数项	5.890***	0.105	4.398***	0.263	4.058***	0.279	2.498***	0.257
控制变量								
收入	0.174	0.070	0.135	0.065	0.114	0.064	0.089	0.050
ISE								
合作行为			0.277***	0.045	0.199***	0.051	0.085*	0.041
反馈行为					0.143***	0.045	0.030	0.037
推荐行为							0.477***	0.041
模型统计量								
R^2	0.027		0.168		0.205		0.511	
R^2 调整后	0.023		0.161		0.149		0.205	
R^2 变动	0.022		0.141		0.037		0.206	
F 统计值	6.227*		22.233***		18.845***		56.877***	

注：被解释变量为享乐价值。
*** 表示显著性水平 $p<0.001$（双尾检验）；** 表示显著性水平 $p<0.01$（双尾检验）；* 表示显著性水平 $p<0.1$（双尾检验）。

根据SPSS回归分析结果显示，合作行为、推荐作为对享乐价值产生正向且显著的影响，因此假设H7a、H7c均成立。而反馈行为对享乐价值产生的影响不显著，因此假设H7b不成立。

4.4 结构方程模型检验

4.4.1 初始数据分析

4.3节回归分析中对每一个因子逐步进行了验证分析,这种方法看似是做了多因子分析,但却忽略掉了其他因子存在可能会产生的影响作用。结构方程模型恰好可以弥补回归分析的缺陷,将多个因子同时融入模型中进行处理。样本数量有223份,可以满足使用极大似然(Maximum Likelihood,ML)法来对结构模型进行估计的要求。

首先将线上互动、线下互动分别对价值共创模型构建,线上互动初步拟合的结果并不是很理想,如图4-7所示,经过三次拟合与修订,模型的 χ^2 为203.834,自由度为106,χ^2/df 的值为1.923,小于3;RMSEA 的值为0.073,小于0.1;CFI 的值为0.940,TLI 的值为0.924,均大于0.9,即所有模型拟合指标都在接受范围之内。

线下互动初步拟合的结果并不是很理想,如图4-8所示,模型的 χ^2 为229.622,自由度为81,χ^2/df 的值为2.835,小于3;RMSEA 的值为0.091,小于0.1;CFI 的值为0.915,TLI 的值为0.874,大于0.8,即所有模型拟合指标都在接受范围之内。

第 4 章 实证研究

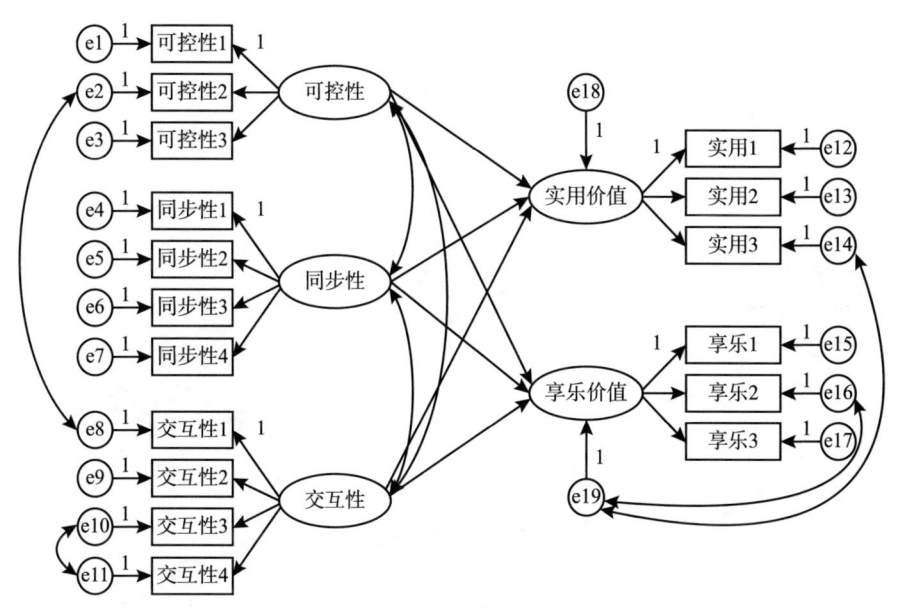

图 4-7 线上互动与价值共创关系模型

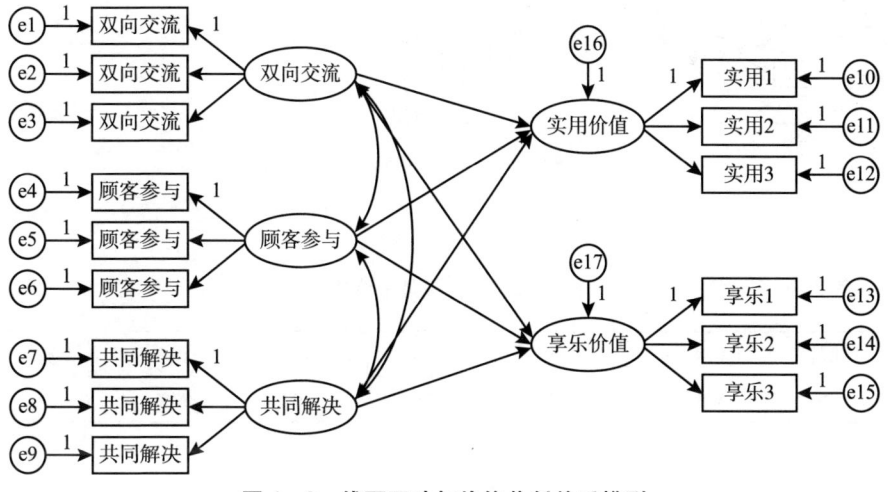

图 4-8 线下互动与价值共创关系模型

4.4.2 线上互动初始模型构建

基于第 3 章所构建的概念模型，绘制了最初始的结构方程的模型，如图 4-9 所示，初始模型的验证的结果显示 CFI = 0.897，TLI = 0.879。具体的初始模型各项指标（见表 4-29）。

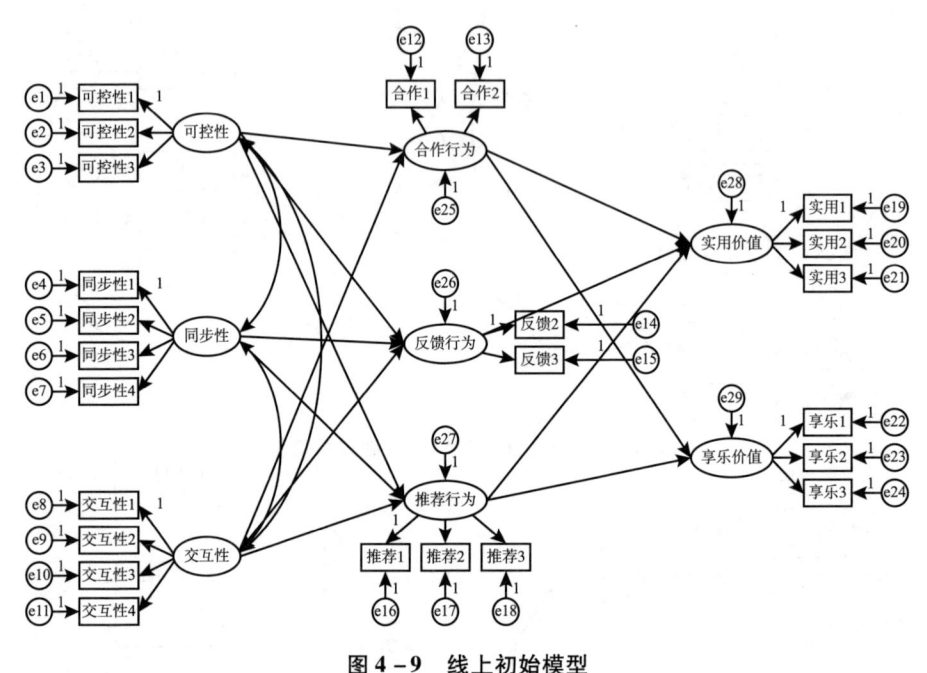

图 4-9 线上初始模型

表 4-29　　　　　　初始结构方程模型拟合指标

指标	CMIN（χ^2）	df	χ^2/df	CFI	TLI	RMSEA
值	558.114	234	2.385	0.897	0.879	0.079

4.4.3　线上互动模型的修正与确定

初始模型没有拟合不成功在模型分析中是一种较为常见的现象，可以通过不断对模型修正来达到最终较为满意的拟合结果（见表 4-30）。

表 4-30　　线上互动初始结构模型拟合结果（$N=223$）

路径			标准化路径系数	路径系数	CR	p
合作行为	←	可控性	0.541	0.474	3.018	0.003
合作行为	←	同步性	-0.057	-0.055	-0.384	0.701
合作行为	←	交互性	0.317	0.243	3.135	0.002
反馈行为	←	可控性	0.347	0.406	2.241	0.025
反馈行为	←	同步性	0.151	0.195	1.087	0.277
反馈行为	←	交互性	0.241	0.247	2.452	0.014
推荐行为	←	可控性	0.192	0.174	1.554	0.120
推荐行为	←	同步性	0.317	0.316	2.665	0.008
推荐行为	←	交互性	0.235	0.186	2.626	0.009
实用价值	←	合作行为	0.378	0.430	4.119	***
实用价值	←	反馈行为	0.165	0.141	2.121	0.034
实用价值	←	推荐行为	0.467	0.515	5.897	***
享乐价值	←	合作行为	0.100	0.080	1.202	0.229
享乐价值	←	反馈行为	0.061	0.036	0.811	0.417
享乐价值	←	推荐行为	0.773	0.598	7.995	***
χ^2			558.114	CFI		0.897
df			234	TLI		0.879
χ^2/df			2.385	RMSEA		0.079

在初始模型中，修正指数最大的路径系数就是同步性对合作行为的影响，这可能是由于同步性受到了反馈行为和推荐行为的中介作用，进而使得同步性对合作行为的直接表现不显著。因此在第一次对模型进行修正时，首先考虑删除同步性到合作行为这条路径。修正后的模型拟合情况见表 4-31。

表 4-31　　第一次修正模型的拟合情况（$N=223$）

指标	CMIN（χ^2）	df	χ^2/df	CFI	TLI	RMSEA
值	558.268	235	2.376	0.906	0.879	0.897

从表 4-31 可以看出，初始模型经过第一次修正后，χ^2/df、CFI、TLI、RMSEA 等各项指标的拟合系数仍然没有达到标准，此时模型中修正指数最大的路径为反馈行为对享乐价值的影响。这可能是因为用户在跨境电商平台进行互动的过程中，用户的反馈行为主要将在使用平台过程的遇到的问题及时反馈，这样的行为更倾向于实现用户的实用价值。实证研究中产生这种效度偏差也是难免的。因此作者进行了第二次模型修正，首先考虑删除反馈行为到享乐价值这条路径。修正后的模型拟合情况（见表 4-32）。

表 4-32　　　　第二次修正模型的拟合情况（$N=223$）

指标	CMIN（χ^2）	df	χ^2/df	CFI	TLI	RMSEA
值	558.268	236	2.367	0.897	0.880	0.079

经过路径删除后发现剩下变量之间的路径 p 值较高，AMOS 24 提供模型修改指标（Modification Indices, MI），根据分析结果提示出需要修正的变量间的相互关系，根据 AMOS 24 所提供的 MI 值，增加某些误差项之间的路径。根据调整后的最终的模型，各项拟合的指标均达到了拟合的要求，拟合优度良好（见表 4-33）。

表 4-33　　　　最终修正模型的拟合情况（$N=223$）

指标	CMIN（χ^2）	df	χ^2/df	CFI	TLI	RMSEA
值	482.057	231	2.087	0.920	0.905	0.070

通过调整修正所产生的最优结构模型，如图4-10所示。变量之间共有13条路径是显著的，分别是："合作行为←可控性""合作行为←交互性""反馈行为←可控性""反馈行为←同步性""反馈行为←交互性""推荐行为←可控性""推荐行为←同步性""推荐行为←交互性""实用价值←合作行为""实用价值←反馈行为""实用价值←推荐行为""享乐价值←合作行为""享乐价值←推荐行为"。这些路径所代表的均为变量间正向影响关系，各路径具体参数，见表4-34。

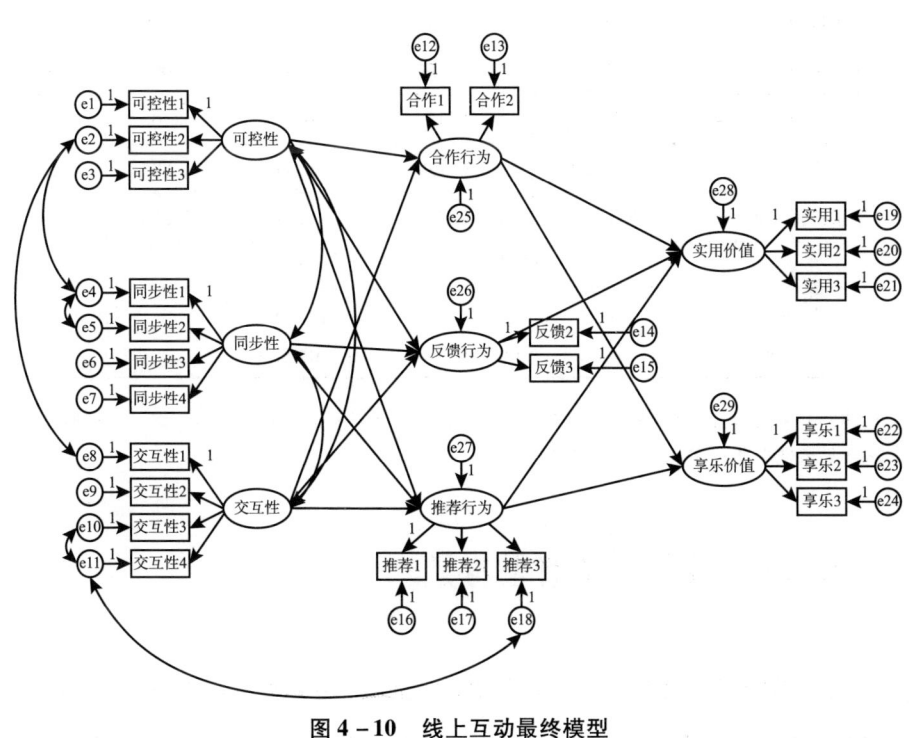

图4-10 线上互动最终模型

表 4 – 34　　　　线上互动最终结构模型拟合结果（$N = 223$）

路径			标准化路径系数	路径系数	CR	p
合作行为	←	可控性	0.536	0.478	4.179	***
合作行为	←	交互性	0.267	0.201	2.680	0.007
反馈行为	←	可控性	0.317	0.375	2.201	0.028
反馈行为	←	同步性	0.235	0.326	1.855	0.064
反馈行为	←	交互性	0.179	0.179	1.792	0.073
推荐行为	←	可控性	0.235	0.215	1.857	0.063
推荐行为	←	同步性	0.298	0.319	2.523	0.012
推荐行为	←	交互性	0.207	0.159	2.249	0.024
实用价值	←	合作行为	0.397	0.452	4.246	***
实用价值	←	反馈行为	0.153	0.131	2.008	0.045
实用价值	←	推荐行为	0.455	0.505	5.700	***
享乐价值	←	合作行为	0.139	0.111	1.897	0.058
享乐价值	←	推荐行为	0.786	0.612	8.256	***
χ^2			482.057	CFI	0.920	
df			231	TLI	0.905	
χ^2/df			2.087	RMSEA	0.070	

注：*** 表示显著性水平 $p < 0.001$（双尾检验）；** 表示显著性水平 $p < 0.01$（双尾检验）；* 表示显著性水平 $p < 0.1$（双尾检验）。

4.4.4　线下互动模型构建

基于第 3 章所构建的概念模型，绘制了线下互动的最初始的结构方程的模型，如图 4 – 11 所示，模型的验证的结果显示 CFI = 0.889，TLI = 0.916，得到拟合结果见表 4 – 35。

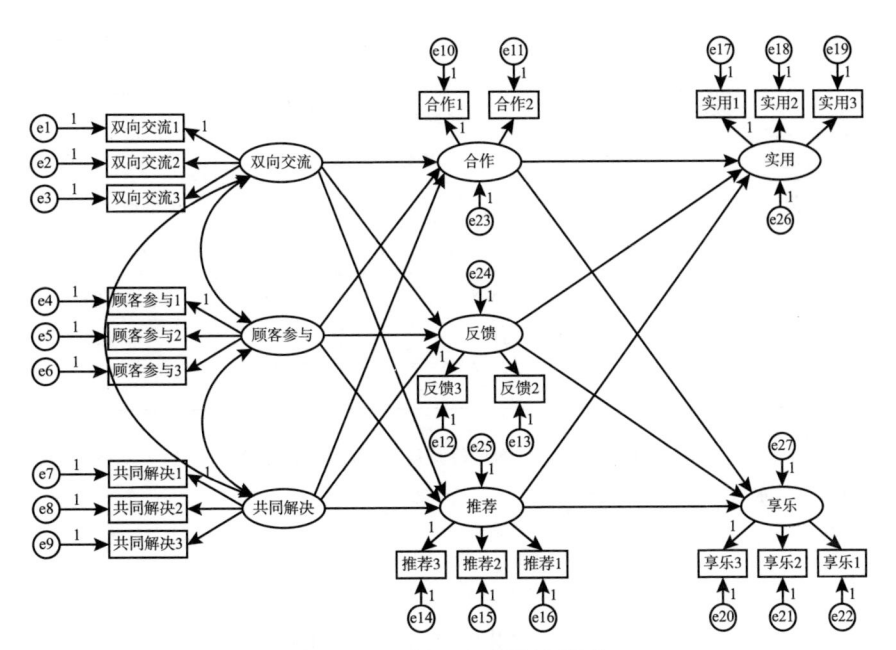

图 4-11 线下互动最终模型

表 4-35　　　　　线下互动结构模型拟合结果（$N=223$）

路径			标准化路径系数	路径系数	CR	p
合作行为	←	双向交流	0.389	0.376	3.169	0.002
合作行为	←	顾客参与	-0.073	-0.039	-0.553	0.580
合作行为	←	共同解决	0.515	0.302	4.141	***
反馈行为	←	双向交流	0.480	0.636	3.865	***
反馈行为	←	顾客参与	-0.184	-0.134	-1.383	0.167
反馈行为	←	共同解决	0.479	0.385	3.913	***
推荐行为	←	双向交流	0.568	0.616	4.127	***
推荐行为	←	顾客参与	-0.435	-0.259	-2.963	0.003
推荐行为	←	共同解决	0.466	0.307	3.594	***
实用价值	←	合作行为	0.361	0.405	4.100	***
实用价值	←	反馈行为	0.149	0.122	1.860	0.063
实用价值	←	推荐行为	0.469	0.468	6.334	***

续表

路径			标准化路径系数	路径系数	CR	p
享乐价值	←	合作行为	0.104	0.097	1.269	0.205
享乐价值	←	反馈行为	0.052	0.036	0.678	0.498
享乐价值	←	推荐行为	0.775	0.644	9.840	***
χ^2			422.618	CFI		0.916
df			191	TLI		0.889
χ^2/df			2.213	RMSEA		0.074

注：*** 表示显著性水平 $p<0.001$（双尾检验）；** 表示显著性水平 $p<0.01$（双尾检验）；* 表示显著性水平 $p<0.1$（双尾检验）。

4.5　研究结果分析

4.5.1　线上互动与线下互动对价值共创影响的差异性

通过分别用 4 个多元线性回归模型来对比分析了线上互动与线下互动对价值共创的影响作用。线上互动的回归中模型 1 仅包含控制变量，即为了检验收入给价值共创带来的影响。模型 2、模型 3 和模型 4 依次加入了线上互动的可控性、同步性和交互性，线下互动依次加入了双向交流、顾客参与和共同解决。经过对比发现线上互动中三个因子均对价值共创具有显著的促进作用。线下互动中顾客参与对价值共创中使用价值的回归系数为正但不显著，对价值共创中的享乐价值呈负相关。在对 F 值进行比较时也发现线上互动对价值共创的 F 值分别为48.065和26.547，而线下互动对价值共创的 F 值分别为23.343和18.852。

通过对比回归模型验证线上互动和线下互动分别对价值共创的回归作用的结果，我们发现跨境电商平台中的线上互动和线下互动均对价值共创产生正向的促进作用，但明显线上的显著作用大于线下的显著作用。这是由于跨境电商平台具有与互联网网站相同的属性，用户更喜欢在平台通过互动完成相关活动，如果遇到真正的线上难解决的问题时也会采取线下互动的方式。

4.5.2 顾客融入行为对价值共创的作用机制

借鉴卡特里安·维尔莱（2013）的研究将跨境电商平台上顾客融入行为划分为合作行为、反馈行为和推荐行为。在最终的SEM验证跨境电商平台上的线上互动模型中顾客融入行为到价值共创的路径系数分别为"实用价值←合作行为"的标准化路径系数0.378（$p<0.001$）"享乐价值←合作行为"的标准化路径系数0.139（$p<0.1$）。"实用价值←反馈行为"的标准化路径系数0.165（$p<0.1$），"享乐价值←反馈行为"的标准化路径系数0.417（$p<0.5$），"实用价值←推荐行为"的标准化路径系数0.445（$p<0.001$），"享乐价值←推荐行为"的标准化路径系数0.786（$p<0.001$）。

最终的SEM验证跨境电商平台线下互动模型中顾客融入行为到价值共创的路径系数分别为"实用价值←合作行为"的标准化路径系数0.361（$p<0.001$）"享乐价值←合作行为"的标准化路径系数0.104（$p<0.5$），"实用价值←反馈行为"的标准化路径系数0.149（$p<$

0.063），"享乐价值←反馈行为"的标准化路径系数 0.052（$p<0.5$），"实用价值←推荐行为"的标准化路径系数 0.469（$p<0.001$），"享乐价值←推荐行为"的标准化路径系数 0.775（$p<0.001$）。

根据分析结果发现无论是线上互动的模型还是线下互动的模型中，反馈行为到享乐价值这条路径都不显著的。反馈行为价值共创没有很好的显著作用，其主要原因是通常情况下用户需要对服务进行反馈时，都是因为遇到了一定程度的问题，因此会对在平台的愉悦感产生一定程度的阻碍作用。合作行为、推荐行为到价值共创的两条路径系数都非常高，成正向的显著作用。根据数据对比发现线上互动和线下互动中顾客融入行为对价值共创具有正向促进作用。

4.5.3 互动对融入行为的作用机制

将线上互动和线下互动分别对顾客融入行为的影响作用进行了验证，下面就详细分析线上互动对顾客融入行为的作用机制。

最终的 SEM 验证中线上互动对顾客融入行为的促进大部分路径均具有显著作用。"合作行为←可控性"的标准化路径系数 0.536（$p<0.01$），"合作行为←同步性"的标准化路径系数 -0.057，"合作行为←交互性"的标准化路径系数 0.267（$p<0.01$）。"反馈行为←可控性"的标准化路径系数 0.317（$p<0.1$），"反馈行为←同步性"的标准化路径系数 0.235（$p<0.1$），"反馈行为←交互性"的标准化路径系数 0.179（$p<0.1$）。"推荐行为←可控性"的标准化路径系数 0.235（$p<0.1$），"推荐行为←同步性"的标准化路径系数 0.298（$p<0.1$），"推荐行为←交互性"的标准化路径系数 0.207（$p<0.1$）。最终的

SEM 验证中线下互动对顾客融入行为的促进大部分路径均具有显著作用。"合作行为←双向交流"的标准化路径系数 0.389（$p<0.01$），"合作行为←顾客参与"的标准化路径系数 -0.073，"合作行为←共同解决"的标准化路径系数 0.515（$p<0.001$）。"反馈行为←双向交流"的标准化路径系数 0.480（$p<0.01$），"反馈行为←顾客参与"的标准化路径系数 -0.184，"反馈行为←共同解决"的标准化路径系数 0.479（$p<0.001$）。"推荐行为←双向交流"的标准化路径系数 0.568（$p<0.001$），"推荐行为←顾客参与"的标准化路径系数 -0.435，"推荐行为←共同解决"的标准化路径系数 0.466（$p<0.001$）。

根据分析结果，线上互动与顾客融入行为的路径中只有同步性与合作行为的这条路径并不显著，同步性互动是用户在使用平台时平台自身处理信息的速度，而平台上各参与者的行为为平台提供更好的服务。线下互动中顾客参与对顾客融入行为的作用不显著，用户在跨境电商平台上与平台人员之间的线下参与程度相对较弱，因此这条路径不显著。跨境电商平台提供应商的企业，其余构建平台人员的参与程度可能会产生不同的结论。跨境电商平台的互动对顾客融入行为的过程具有积极的促进作用，线上互动对顾客融入行为的作用显著性大于线下互动对顾客融入行为的作用。

本章根据回收的问卷进行数据分析，对第 3 章提出的假设进行验证，使用 SPSS 和 AMOS 进行了描述性统计分析、信度效度分析、验证性因子分析、相关分析、回归分析概念模型拟合分析等。结论显示所提出的大部分假设都通过了验证。

经过 SEM 的验证分析结果显示，线上互动模型中"同步性→合作行为""反馈行为→享乐价值"两条假设未通过验证，线上互动整体模型中未支持同步性互动到合作行为、反馈行为到享乐价值两个假设，其主要原因是跨境平台上用户需要对服务进行反馈时，通常情况是遇到了一定程度的问题，因此会对在平台的愉悦感产生一定程度的阻碍作用，见表4-36和图4-12。线下互动模型中"顾客参与→顾客融入行为"的3条假设未得到验证，线下互动整体模型中顾客参与对顾客融入行为的假设不成立，主要原因是电商平台的用户在线上能完成大部分活动，线下的用户参与度较少，因此顾客参与到顾客融入行为的路径不显著，见表4-37和图4-13。

1. 线上互动对价值共创的影响机制

表4-36　　　　　　　　线上互动对价值共创假设

假设	假设内容	验证
H1	线上互动对实用价值有正向影响作用	
H1a	可控性对实用价值有正向影响作用	通过
H1b	同步性对实用价值有正向影响作用	通过
H1c	交互性对实用价值有正向影响作用	通过
H2	线上互动对享乐价值有正向影响作用	
H2a	可控性对享乐价值有正向影响作用	通过
H2b	同步性对享乐价值有正向影响作用	通过
H2c	交互性对享乐价值有正向影响作用	通过
H3	线上互动对合作行为有正向影响作用	
H3a	可控性对合作行为有正向影响作用	通过
H3b	同步性对合作行为有正向影响作用	未通过
H3c	交互性对合作行为有正向影响作用	通过
H4	线上互动对反馈行为有正向影响作用	

第4章 | 实证研究

续表

假设	假设内容	验证
H4a	可控性对反馈行为有正向影响作用	通过
H4b	同步性对反馈行为有正向影响作用	通过
H4c	交互性对反馈行为有正向影响作用	
H5	线上互动对推荐行为有正向影响作用	
H5a	可控性对推荐行为有正向影响作用	通过
H5b	同步性对推荐行为有正向影响作用	通过
H5c	交互性对推荐行为有正向影响作用	通过
H6	顾客融入行为对实用价值有正向影响作用	
H6a	合作行为对实用价值有正向影响作用	通过
H6b	反馈行为对实用价值有正向影响作用	通过
H6c	推荐行为对实用价值有正向影响作用	通过
H7	顾客融入行为对享乐价值有正向影响作用	
H7a	合作行为对实用价值有正向影响作用	通过
H7b	反馈行为对享乐价值有正向影响作用	未通过
H7c	推荐行为对享乐价值有正向影响作用	通过

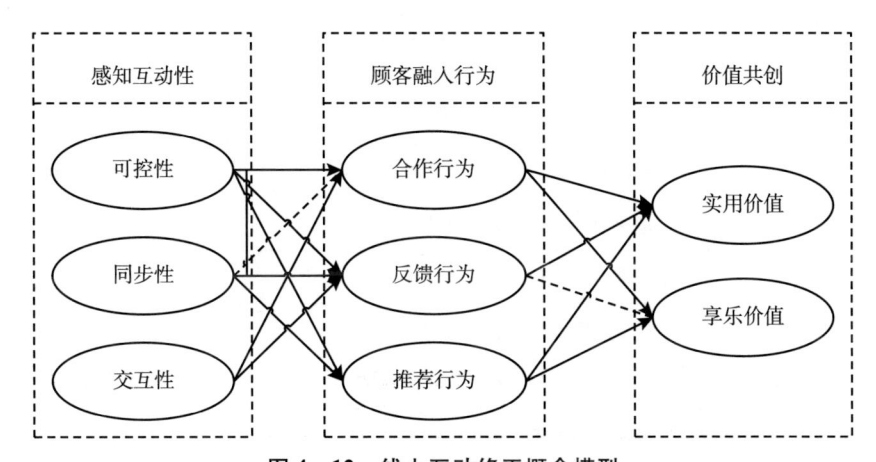

图 4-12 线上互动修正概念模型

2. 线下互动对价值共创的影响机制

表 4-37　　　　　　　　　线下互动对价值共创假设

假设	假设内容	验证
H8	线下互动对实用价值有正向影响作用	
H8a	双向交流对实用价值有正向影响作用	通过
H8b	顾客参与对实用价值有正向影响作用	通过
H8c	共同解决对实用价值有正向影响作用	通过
H9	线下互动对享乐价值有正向影响作用	
H9a	双向交流对享乐价值有正向影响作用	通过
H9b	顾客参与对享乐价值有正向影响作用	未通过
H9c	共同解决对享乐价值有正向影响作用	通过
H10	线下互动对合作行为有正向影响作用	
H10a	双向交流对合作行为有正向影响作用	通过
H10b	顾客参与对合作行为有正向影响作用	通过
H10c	共同解决对合作行为有正向影响作用	通过
H11	线下互动对反馈行为有正向影响作用	
H11a	双向交流对反馈行为有正向影响作用	通过
H11b	顾客参与对反馈行为有正向影响作用	未通过
H11c	共同解决对反馈行为有正向影响作用	通过
H12	线下互动对推荐行为有正向影响作用	
H12a	双向交流对推荐行为有正向影响作用	通过
H12b	顾客参与对推荐行为有正向影响作用	未通过
H12c	共同解决对推荐行为有正向影响作用	通过

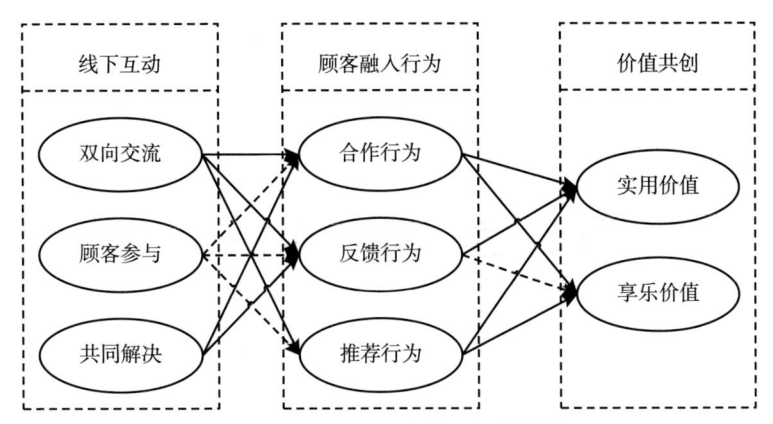

图 4-13 线下互动修正概念模型

第 5 章 案 例 研 究

为了更深入、更切实际地研究互动对价值共创的作用机制，本章以某海购电商平台为例，通过深入访谈研究，了解其具体的改善平台的互动性、提高用户在平台的顾客融入行为，进一步验证第 3 章所提出的线上互动、顾客融入行为与价值共创的理论框架和概念模型。

5.1 案例企业选择

选择某海购电商平台作为案例研究对象，主要出于两方面考虑，即数据可得性及案例经典性。

（1）数据可得性。研究组成员与该公司都在美丽富饶的杭州，在调研时具有地理位置近和易于接近这两大优势，便于及时访谈和了解公司的发展历史。

（2）案例经典性。艾森哈特和格雷布纳（Eisenhardt & Graebner, 2007）指出案例研究时选择的单案例应该是普适性的、非极端的，这样的案例才具有代表性。该公司是以跨境业务为主的综合型电商，成立于 2015 年 1 月 9 日，是杭州首批跨境电商综试区试点的企业。根据艾媒咨询发布的《2018—2019 中国跨境电商市场研究报告》，2018 年，跨境电商平台市场份额某海购电商平台占 27.1%，在所有跨境电商平台中位居首位。因此选取了该平台作为研究对象达到了案例选择的标准，且符合研究目的。

5.2 数据收集

在资料收集的时候严格遵循以下原则：使用多种渠道收集数据，以提高研究效度。案例研究中的数据具有以下五种形式：文件、档案记录、访谈、直接观察、参与观察。

1. 规范的数据整理和可靠的数据来源能够更好地提升实证研究的可信度

主要通过访谈以及二手资料整理等方式，对不同形式的数据采集来降低在研究过程中可能存在的偏差。

2. 建立案例研究资料库对资料进行记录和整理，以提高研究信度

案例研究资料库包括根据对案例企业的调研所生成的表格、文字描述和分析材料以及案例研究的笔记和与案例研究相关的文件资料等。总而言之，就是通过对用户访谈前后，从网络、报告、年鉴等途径收集与案例企业相关的公开资料；在访谈过程中，向被访人员索取企业宣传材料和内部相关文档，同时，经其许可对访谈过程进行现场笔录和录音,并在访谈结束后的 12 个小时之内,对访谈记录进行梳理与分析。最后,将这些资料统一归档到案例研究资料库,并进行分类和编码,为下一步数据分析提供依据。

5.3 案例简介

据中国电子商务研究中(www.100ec.cn)监测显示,近几年随着海淘这种新型购物模式的兴起,各大跨境进口电商平台也开始不断兴起。从 2009 年洋码头,到 2011 年蜜芽的成立,再到 2013 年小红书的成立。2014 年跨境进口电商的合法化以及税收政策的改变,使得 2014—2015 年这短短的两年时间内成立了网易考拉海购、天猫国际、京东全球购等多个跨境进口电商平台,这段时间也成为跨境进口电商平台成立的高峰期。2014 年和 2015 年是跨境进口电商发展的爆发期,跨境网购用户在这两年里急速增长,消费模式的转变拉动了跨境进口电商的发展,而跨境进口电商平台的出现,也带动了传统消费者消费观念的转变,跨境进口电商的发展进入鼎盛时期。随着跨境电商平台用户的增多以及跨境电商平台的不断增多,用户对跨境电商平台的要求也越来越高,为了更好地给用户提供服务,跨境电商平台也开始不断优化。

某海购平台早期主打三个品类:母婴用品、美妆个护和食品保健,快速地抢占了这三大品类的市场。其主要理念是自营直采,在世界多个国家设有分公司或办事处。目的是从采购的初始阶段就监控商品的质量,从源头杜绝假货。经过接近三年的构建和发展,在自身的经营模式、营销方式等方面总结出了符合当今经济体制发展的有效方式，获得由中国质量认证中心认证的"B2C 商品类电子商务交易服务认证证书"。它是国内首家获此认证的跨境电商，也是目前国内首家获得最高级别认证的跨境电商平台之一。作为一家媒体驱动型电商，投入大量优质资源打造战略级产品，良好地解决了商家和消费者之间信息不对等的现状，并凭借自营模式、定价优势、全球布点、仓储、海外物流、资金和保姆式服务七大优势，仅一年就跻身跨境电商第一梯队，并成为增长速度最快的电商企业之一。

5.4 互动和价值共创

5.4.1 线上互动

2016 年继"双十一""双十二"之后的圣诞大促销活动，依旧让众多电商平台使出了全身解数。京东背靠自身构建的物流体系推出"1 元准时到达"，天猫国际则继续推广"狂欢"的购物概念，而作为最大的跨境电商平台，某海购平台不但力荐榜单经济让用户发现更多"世界好物"，而且启动了"圣诞治愈日"主题营销战役。

依托平台背后的大数据技术，推出六种榜单：黑马进击榜、海淘新奇特榜、好评风云榜、三石口碑榜、吐血让利榜、雪藏好物榜，力荐榜单，以促使用户用最短的时间发现更多的"世界好物"。在以圣诞为主题的营销战役中，某海购平台试图引领跨境电商 2017 年新趋势。这背后蕴藏了希望通过平台建构让海淘用户在在跨境电商平台上找到更多实用又具有个性的商品，该举措也促使为双方价值共创，如图 5–1 所示。

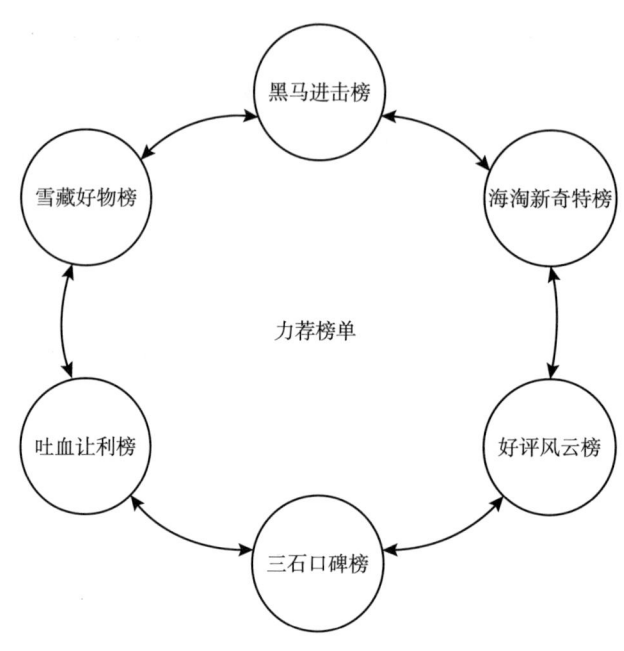

图 5–1　圣诞节推荐榜单

线上互动主要针对用户与海购平台为使消费者获得更好的用户体验，提高用户在使用海购平台时的可控性和同步性，除了提供优质的商品、快速的物流服务，还拥有专业的客服团队和完备的售后服务体制。尤其在让很多"海淘族"苦恼的退货环节，某海购平台直接将商品退至国内仓，以此确保优质的服务体验。对于用户而言，平台的良好的交互性是提升用户使用该平台的满意度的重要途径。该海购平台通过强大的媒体生态与用户之间高效的交流可以及时解决用户遇到的问题，提升用户使用平台的黏性，利于双方之间合作进行价值共创。总结得出对用户、企业和平台三者之间进行共创价值模式。

5.4.2 线下互动

2017年9月6日凌晨，某海购平台上线了一个全新的项目："全球工厂店"，该项目将传统的商业模式，即从制造商直达消费者变为F2C模式（工厂直达消费者的电商模式）。全球工厂店由全球行业TOP制造商直接供货，该模式最大的优势就是将线下产业作为有力的支撑、对商品进行有效的全程把控。对于制造商而言，该海购是一个极其值得信赖的品牌。当某海购愿意为这些最好的制造商站台，帮助他们的品牌赢得市场，这无疑是一个最理想的结果。

某跨境电商平台积极地与国外各大知名商业品牌企业和工厂进行合作。双方在进行合作时主要体现了与平台的线下互动。作为跨境电商平台与传统意义上的购物平台不同，主要采取自营模式。这种自营模式需要平台自身与合作者建立良好的伙伴关系。我们也可以将其视为链接上游供应商和下游用户的一个纽带，其高质量的互动就有了更重要的意义。通过与各大供应商和工厂之间双向交流共同探索平台发展中遇到的问题，采取有效的方法共同解决平台发展中所遇到问题。

为了提高平台的线下互动，在对海外合作的商家还提供了"保姆式的服务"，解决海外商家进入中国的障碍，在海外支付、仓储、物流、推广等方面提供全面服务，直接对接海外品牌方、优质经销商。海外商家只需要把自己优质的商品供货给我们，平台通过自己的资源为他们做推广，省去独自开拓中国市场面临的语言、文化差异、运输等问题。

5.4.3 线上、线下互动

跨境电商行业正在呈现全新的竞争趋势，各个电商平台将注意力从商品价格转到平台内容，将平台内容作为推动商品成交率的核心动力。目前打跨境电商平台内容战的主流手段包括：直播、榜单经济、媒体公众号等多种全新形式。阿里体系2016年力推淘宝头条、问大家、淘宝直播三大内容生态，"双12"期间的淘宝亲亲节就举办了两万多场直播。根据官方数据统计，2016年淘宝内容消费规模增长已达170%。京东也连续推出了京东号和京东直播，之后还计划推出VR直播频道，全线发力内容战。这些提升内容手段都是依靠网络本身的特性尽可能地提升平台与用户实时的线上互动。

某海购平台一直将自身定位为媒体电商，集成网易门户、网易新闻客户端、网易云音乐等媒体矩阵，构建形成了网易媒体的生态。在直播上，也与国内外大型的直播平台（虎牙直播、斗鱼直播、nice、网易BoBo等）战略合作。与众多一线明星合作，主打直播全球正品直采。在2020年"双11"期间得到了花王、UCC咖啡等全球大牌的鼎力支持，开放品牌总部让用户直击直采全过程。在深度内容上，发挥PGC的专业优势，推出了好物、视频等内容频道，定期通过图文、视频的形式将全球的好物推送给平台用户，为海淘用户提供消费风向标。

5.5 价值共创模型

通过高效率、高质量的互动促进价值共创。纵观用户在平台的全部活动，用户付出自身的精力、时间和消费能力；平台通过线上互动提高用户体验和黏性来实现两者之间的价值共创。某海购平台的自营模式还使其与许多供应商和工厂有着非常紧密的联系，与这些合作商的联系需要更为细致的具体商榷，较多地会涉及线下互动。通过与各大供应商和工厂之间双向交流共同探索平台发展中遇到的问题，采取有效的方法共同解决平台发展中所遇到问题。根据用户、供应商与平台之间的关系总结出价值共创模型，如图5-2所示。

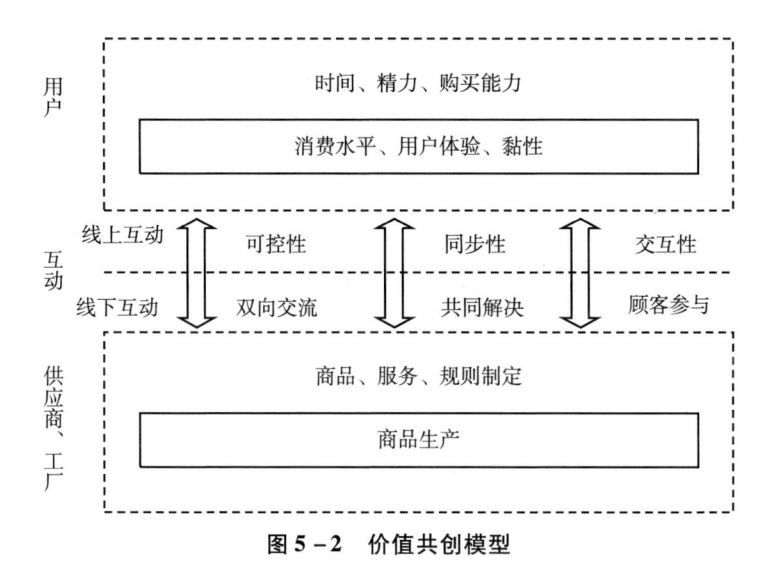

图5-2 价值共创模型

第 6 章 结论与展望

经过前 5 章的论述，已对互动、顾客融入行为、价值共创之间的作用机制进行了文献综述、模型构建、实证分析等进行了详尽的探讨。本章将对研究结果进行总结，指出主要结论、理论贡献与实践启示，对研究中存在局限和不足之处进行说明，并指出未来的研究方向。

6.1 研究结论

随着互联网用户的持续增长，诸如跨境电商的新型商业模式也随之迅猛发展，各大电商企业都向跨境电商领域进军。随着各大电商平台的竞争日益激烈，如何使跨境电商平台创造更大的价值成为值得思考的问题。围绕"互动如何影响价值共创"这个中心问题进行研究，综合运用理论研究、案例描述性研究、大样本统计研究等研究方法，对数据分析采用了 Excel、SPSS 和 AMOS 等数据处理工具。通过以上研究过程逐步解答了最初提出的三个问题：①线上互动与线下互动对价值共创影响的差异性？②顾客融入行为主要体现在哪些方面？③跨境电商平台上互动对价值共创的影响机理是什么？通过论证分析，得出以下主要研究结论。

（1）线上互动的同步性、可控性、交互性均对价值共创有正向作用，线下互动的双向交流、共同解决对价值共创有正向作用，顾客参与对价值共创无影响。线上互动的影响大于线下互动。互动性可以增加产品的用户感知价值，用户对价格的敏感度和用户的线上自我调节（Teo et al.，2003），会促进消费者自身的价值创造（Kim & LaRose，2004）。范钧（2016）指出企业与顾客在线互动应不断提升网络平台的易用性、有用性和交互性。平台交互性的提升促使用户在使用平台时的交流更加便捷，获取的信息效率和质量很高。同步性使平台能够迅速地处理用户的信息，用户能及时获得自己感兴趣的信息，且获取速度非常快。企业与顾客进行互动的过程中彼此间相互学习，尤其是当顾客的建议被企业采纳时会让其有一种自身的愉悦感，激发出更大创造热情（Payne et al.，2008）。线下互动中双向交流和共同解决对价值共创具有显著作用。随着电商平台的快速发展，用户可以在线上完成所需的活动，因此线下互动中的用户参与有不显著的作用。

（2）顾客融入行为主要体现为合作、反馈和推荐行为，随着信息技术的发展，使企业与消费者之间的合作成为现实，不仅拉近了企业与顾客间的距离，而且顾客之间沟通也更便捷，因此将企业、顾客和其他利益相关者之间这三者视为价值共创整体。现有的研究中关于顾客融入行为的实证研究比较少，本书探究了跨境电商平台顾客融入行为作为互动和价值共创的中介变量。平台上的互动通过顾客融入行为与价值共创的关系正向显著，并将通过验证将其划分为合作行为、反馈行为和推荐行为三个维度。

(3) 从互动的视角，揭示"互动—融入行为—价值共创"的机理。企业与顾客的关系被视为合作者，顾客为企业贡献了丰富的知识和思想，企业则向顾客提供与之相配的文化资源，从而使合作的双方成为价值共同的创造者（阿诺德，2005）。在探究跨境电商平台通过互动促进共创价值的过程中，关注顾客融入这一行为变量，试图打开互动与价值共创之间的暗箱。

6.2 理论贡献和创新点

数字经济背景下，许多企业商业模式开始向平台化转型，平台中的参与主体包括了企业、顾客、提供服务的供应商和渠道商等利益相关者。基于服务主导逻辑的价值共创理论更好地解释现代企业商业模式向平台化和共享化发展的趋势（姜尚荣等，2020），顾客可以在平台上参与产品的设计、生产和销售等各个企业价值创造过程，从而更好地服务企业。

本书主要具有以下理论贡献和创新点。

1. 服务主导逻辑的视角

价值共创一直是理论界和业界关注的核心问题之一。传统的价值创造观点认为服务或产品的提供者是唯一的价值创造者，而顾客只是价值消耗者。但是根据服务主导逻辑，服务或产品的提供者不再是唯一的价值创造者，顾客也不再是纯粹的价值消耗者，而是价值的共同创造者。跨境电商平台上参与主体较多，各自承担不同功能，共同创造价值，因此本书从服务主导逻辑视角切入，诠释价值共创机理。

2. 线上互动和线下互动的对比研究

随着互联网的迅速发展，不同的情境下会产生不同形式的互动。线上互动是用户与平台的互动，通过可控性、同步性和交互性三个维度测量；线下互动是在平台的用户与平台成员之间的互动，线下互动需要用户智力和情感的投入，通过双向交流、顾客参与和共同解决三个维度测量。本书用四个多元线性回归模型来对比分析了线上互动与线下互动对价值共创的影响作用，通过对比回归模型，研究发现跨境电商平台的线上互动和线下互动均对价值共创产生正向的促进作用，线上互动的显著作用大于线下互动。

3. 跨境电商平台的价值共创机理

价值共创的研究领域中，关于互动的研究主要集中在用户满意度和忠诚度上，较少关注到互动与价值共创之间的运作机理。本书除了将顾客融入行为作为中间变量进行研究，从合作行为、反馈行为和推荐行为三个维度进行测量，还从线上互动和线下互动的不同视角探究了跨境电商平台用户如何进行价值共创。本书剖析了互动、顾客融入行为及价值共创之间的影响关系，建立"互动—顾客融入行为—价值共创"的理论框架，揭示了线上互动与价值共创之间研究的逻辑关系。

4. 推动跨境电商产业高质量发展

中国将加快构建新发展格局，继续扩大开放，更加积极参与双边、多边和区域合作，同各国实现更高水平的互利共赢。"十四五"开局之年，我国外贸规模和国际市场份额均创新高，高质量发展稳步推进。2021年前10个月货物贸易进出口达到31.67万亿元，同比增长22.2%，有力带动国民经济增长，跨境电商、海外仓等新业态、新模式蓬勃发展，为我国外贸发展提供了新的增长点。在数据化背景下，探究跨境电商平台的各参与主体的互动行为和价值共创机理，为平台型企业有效运作和管理提供可借鉴经验和启示，助推跨境电商产业高质量发展。

6.3 研究局限和未来展望

本书对企业的商业实践具有一定的理论意义和指导意义，但鉴于研究过程中存在的局限，仍需要在未来的研究中做进一步的深入和完善。具体而言，本书研究局限和不足有以下几点。

（1）跨境电商平台的样本数量。通过阿里众包平台发放问卷只成功回收245份问卷，除去无效样本，有效问卷223份。未来可以对使用各大跨境电商平台进行线下的问卷调查，提高问卷回收的质量，同时增加回收问卷的数量，使实证数据更具有说服力。

（2）跨境电商平台的分类。本书所指跨境电商平台有国内电商网站的境外购物频道（天猫国际、京东全球购、聚美极速免税店等）；国内独立跨境电商网站（海淘网、考拉海购、顺丰海淘、跨境通等）；全球综合电商网站（亚马逊、易贝等）；个人代购（包括淘宝/微信朋友圈/微博代购）。问卷题项设置时对跨境电商平台分类不够详尽，一部分使用过跨境电商平台的用户没能作出准确判断，之后的研究中，应对跨境电商平台给予充分的解释，以便于理解。

（3）跨境电商平台的参与者。跨境电商平台除了顾客之外还会与供应商、工厂或大型物流公司合作。为了提升跨境电商平台的服务水平，创造更大的价值，其提供的服务体系需要更完善。因此，在平台进行互动的对象范围应更广泛。

未来研究可拓展为以下几个方向。

（1）价值共创的激励机制。从服务生态系统的多层次互动视角探究价值共创的动力机制，即如何吸引社会经济主体主动参与共同创造价值，以及如何支持价值的共同创造，可以从顾客、企业和服务生态系统的视角对价值共创的激励机制进行研究。

（2）价值共创生态体系。价值共创主体形成了一个利益合作共同体，如何构建共赢的服务生态系统是促进系统良性发展的基础。因此，未来研究应该从服务生态系统的整体视角考察价值共创机理，完善现有的价值共创理论，也能够更好地指导和服务于现代企业的战略决策与商业模式创新实践。

（3）价值共毁的研究。李朝辉等（2019）认为价值共毁是指交互双方在互动过程中相关价值的降低或破坏。在实践活动中，参与服务交换的各方参与者总是期望通过资源整合而为自身谋得最大的利益。然而，交互活动的结果也许是共同毁灭。未来可以价值共毁为研究主题，丰富和完善价值共创的理论研究。

附录　调查问卷

一、基本信息

1. 目前居住的区域为（　　　）。

    A. 华北　　　　　B. 华东　　　　　C. 华南

    D. 华西　　　　　E. 华中

2. 学历为（　　　）。

    A. 高中及以下　　B. 大专　　　　　C. 大学本科

    D. 硕士　　　　　E. 博士及以上

3. 月收入为（　　　）。

    A. 5000 元以下　　　　　　B. 5000 元 ~ 10000 元

    C. 10000 元 ~ 20000 元　　D. 20000 元以上

4. 职业为（　　　）。

    A. 在校学生　　　　　　B. 企业人员

    C. 政府/机关干部/公务员/事业单位

    D. 自由职业者

    E. 待业/失业/退休

5. 任务完成的数量为（ ）。

A. 不足 5 个　　　　　　　B. 5~10 个

C. 11~20 个　　　　　　　D. 20 个以上

6. 完成的任务类型为（ ）。（多选）

A. 线下推广　　B. 问卷调研　　C. 验收采集

D. 跑腿送餐　　E. 快递打包　　F. 现场促销

G. 礼仪/模特　　H. 服务员　　I. 翻译/编辑

G. 客服　　　　K. 传单派送　　L. 美工/创意

M. 校园代理　　N. 现场协助　　O. 公益

P. 实习生　　　Q. 家教老师　　R. 其他

7. 浏览任务的频率为（ ）。

A. 每天 1 次　　　　　　　B. 每周 1 次

C. 每月 1 次　　　　　　　D. 不经常

8. 使用阿里众包的时间（ ）。

A. 不到 1 个月　　B. 1~3 个月　　C. 3~6 个月

D. 6 个月~1 年　　E. 1 年以上

9. 使用互联网的年限（ ）。

A. 2 年以下　　　　　　　B. 2~4 年

C. 5~6 年　　　　　　　　D. 6 年以上

10. 每周花在互联网的时间为（ ）。

A. 5 小时以下　　　　　　B. 6~20 小时

C. 21~40 小时　　　　　　D. 40 小时以上

11. 过去一年内使用跨境购物网站购物的频率为（ ）。

A. 0~3 次　　　　　　　　B. 4~6 次

C. 7~11 次　　　　　　　　D. 超过 12 次

12. 使用过的跨境购物平台类别为（　　）。（多选）

A. 国内电商网站的境外购物频道（天猫国际、京东全球购、聚美极速免税店等）

B. 国内独立跨境电商网站（海淘网、考拉海购、顺丰海淘、跨境通等）

C. 全球综合电商网站（亚马逊、易贝等）

D. 个人代购（包括淘宝/微信朋友圈/微博代购）

13. 进行跨境网购的原因是（　　）。（多选）

A. 产品品质比国内更好　　　　B. 产品价格便宜

C. 国内买不到　　　　　　　　D. 可供选择多

二、线下互动

以下题项中 1~7 的分值表示从不同意向同意依次渐进，请在相应的框内打"√"（1 表示非常不同意，4 表示中立，7 表示非常同意）		不同意↔同意						
		1	2	3	4	5	6	7
双向交流	14. 平台向我提供了大量的反馈意见							
	15. 我与平台的交流是双向的							
	16. 我与平台交换的信息是开放的							
顾客参与	17. 我与平台成员进行广泛的面对面交流							
	18. 我与平台成员经常以小组的形式进行讨论							
	19. 我经常参与平台成员的工作会议							
	20. 我积极参与平台的活动							
共同解决	21. 我和平台成员共同处理问题							
	22. 我和平台成员认真地讨论问题							
	23. 我和平台成员共同寻找解决方案							

三、线上互动

	以下题项中 1~7 的分值表示从不同意向同意依次渐进，请在相应的框内打"√"（1 表示非常不同意，4 表示中立，7 表示非常同意）	不同意↔同意						
		1	2	3	4	5	6	7
可控性	24. 浏览平台时，我可以有效地控制平台体验过程							
	25. 浏览平台时，我可以自由选择我想要看的内容							
	26. 浏览平台时，我的行为决定了我的平台体验							
同步性	27. 平台迅速地处理了我的输入信息							
	28. 我从平台上获取信息的速度非常快							
	29. 使用平台时，我可以及时地获得我想要的信息							
	30. 单击平台的链接时，我可以从平台获得实时信息							
交互性	31. 平台高效地收集访客的反馈意见							
	32. 平台有效地促进了访客与平台之间的双向沟通							
	33. 平台乐于倾听访客的意见							
	34. 平台给予访客提意见的机会							

四、顾客融入行为

	以下题项中 1~7 的分值表示从不同意向同意依次渐进，请在相应的框内打"√"（1 表示非常不同意，4 表示中立，7 表示非常同意）	不同意↔同意						
		1	2	3	4	5	6	7
合作行为	35. 我做的事情有助于他人工作							
	36. 我协助平台提供更好的服务							
反馈行为	37. 我协助平台更好地满足顾客需求							
	38. 当平台提供良好服务时，我会及时反馈给平台工作人员							
	39. 当平台遇到问题时，我会及时通知平台工作人员							
推荐行为	40. 我向对该平台感兴趣的人推荐							
	41. 我向家人和朋友推荐该平台							
	42. 我向其他人表示对该平台的肯定							

五、价值共创

以下题项中 1~7 的分值表示从不同意向同意依次渐进，请在相应的框内打"√"（1 表示非常不同意，4 表示中立，7 表示非常同意）	不同意↔同意						
	1	2	3	4	5	6	7
实用价值 43. 我认为在该平台中交流很方便							
44. 我认为通过平台获取的信息效率很高							
45. 我认为通过平台交流获取了自己需要的信息							
46. 使用该平台很成功							
享乐价值 47. 使用该平台感觉愉悦							
48. 我自愿选择该平台							
49. 使用该平台是明智之举							

参考文献

[1] 卜庆娟,金永生,李朝辉. 互动一定创造价值吗?——顾客价值共创互动行为对顾客价值的影响 [J]. 外国经济与管理,2016,38(9):21-37.

[2] 卜庆娟,金永生,李朝辉. 虚拟品牌社区顾客价值共创互动行为的测量及验证 [J]. 当代财经,2016(5):76-86.

[3] 陈庆. SDL下顾企互动与共创价值的关系研究 [D]. 武汉:华中科技大学,2012.

[4] 陈莹. B2C网站顾客购物体验与顾客忠诚关系研究——以整体网络产品的视角 [D]. 杭州:浙江大学,2013.

[5] 陈志平. B2C购物网站消费者感知互动对态度的影响模式研究 [D]. 杭州:浙江大学,2007.

[6] 范钧,聂津君. 企业-顾客在线互动、知识共创与新产品开发绩效 [J]. 科研管理,2016,37(1):119-127.

[7] 范晓屏. 基于虚拟社区的网络互动对网络购买行为的影响研究 [D]. 杭州:浙江大学,2007.

[8] 郭朝阳,许杭军. 服务主导逻辑演进轨迹追踪与研究述评 [J]. 外国经济与管理,2012,34(7):17-24.

[9] 简兆权. 研发服务价值共创研究 [J]. 科技进步与对策, 2012, 29 (13): 1-5.

[10] 姜尚荣等. 价值共创研究前沿: 生态系统和商业模式创新 [J]. 管理评论, 2020, 32 (2): 3-17.

[11] 蒋婷, 胡正明. 服务接触中游客间互动行为研究——基于关键事件技术的方法 [J]. 旅游学刊, 2011, 26 (5): 77-83.

[12] 蒋婷, 张峰. 游客间互动对再惠顾意愿的影响研究——基于游客体验视角 [J]. 旅游学刊, 2013, 28 (7): 90-100.

[13] 景奉杰, 赵建彬. 顾客间互动—情绪—购后满意关系分析——基于在线品牌社群视角 [J]. 中国流通经济, 2013, 27 (9): 86-93.

[14] 李朝辉, 卜庆娟, 许倩倩等. 价值总是被共同创造吗?——价值共同破坏研究综述与展望 [J]. 财经论丛, 2019 (5): 94-103.

[15] 李朝辉, 金永生. 价值共创研究综述与展望 [J]. 北京邮电大学学报, 2013.

[16] 李雷, 简兆权. 服务主导逻辑产生原因、核心观点探析与未来研究展望 [J]. 外国经济与管理, 2013, 35 (4): 2-12.

[17] 李志兰. 顾客间互动研究综述与展望 [J]. 外国经济与管理, 2015 (12): 73-85.

[18] 刘晓新, 毕爱萍. 人际交往心理学 [M]. 北京: 首都师范大学出版社, 2003.

[19] 卢俊义. 供应商与顾客共同创造顾客价值的机理研究 [D]. 南京: 南京大学, 2011.

[20] 马双. 顾客参与价值研究的理论探讨与实证研究——基于软件服务业的经验分析 [D]. 北京: 对外经济贸易大学, 2014.

[21] 潘驰, 郭志达. 社会互动效应下通勤者出行方式选择行为研究 [J]. 交通运输系统工程与信息, 2017, 17 (6): 101-106.

[22] 彭艳君, 景奉杰. 服务中的顾客参与及其对顾客满意的影响研究 [J]. 经济管理, 2008 (10): 60-66.

[23] 秦晓. 网络团购中社会互动对消费者冲动性购买意愿的影响研究 [D]. 济南: 山东大学, 2019.

[24] 邵宇. 社会互动视角下城乡居保长期参保意愿的实证研究 [D]. 西安: 西北大学, 2019.

[25] 石晶. 本科生社会性人际互动对学习效果影响的实证研究——以 H 大学为例 [D]. 武汉: 华中科技大学, 2015.

[26] 唐嘉庚. 互动性对 B2C 环境下信任及购买行为倾向影响研究 [D]. 上海: 复旦大学, 2006.

[27] 童怡. 网络游戏中的互动与自我揭露对玩家行为形成机制研究——基于社会临场感视角 [J]. 湖北经济学院学报, 2018, 15 (7): 61-64.

[28] 万文海, 刘闲月. 消费互动、共创价值及其对顾客忠诚影响的路径研究——基于阐释方法的分析 [J]. 河南工程学院学报, 2011, 26 (4): 18-25.

[29] 王艳梅, 余伟萍. 虚拟社区互动性多维视角比较及价值探析 [J]. 图书馆学研究, 2010.

[30] 王振, 王滢波, 赵付春等. 跨境电商: 数字经济第一城的新零售实践 [M]. 北京: 社会科学文献出版社, 2008.

[31] 卫海英, 杨国亮. 企业-顾客互动对品牌信任的影响分析——基于危机预防的视角 [J]. 财贸经济, 2011 (4): 79-84.

[32] 吴梦丽. 网络互动对微信团购社群购买意愿的影响 [J]. 合作经济与科技, 2020 (1): 78-82.

[33] 吴明珍. 移动社交电商情境下消费者网络互动对重购意愿的影响研究 [D]. 广州: 华南理工大学, 2020.

[34] 吴畏. 网络社会互动对消费者购买意向的影响研究 [D]. 长春: 吉林大学, 2020.

[35] 吴瑶, 肖静华, 廖雪华. 从价值提供到价值共创的营销转型——企业与消费者协同演化视角的双案例研究 [J]. 管理世界, 2017 (4): 138-157.

[36] 夏璐. 社会互动对农户金融行为影响研究社会 [D]. 无锡: 江南大学, 2020.

[37] 肖亮, 余福茂. 中国模式: 中国跨境电商综合试验区试点实践与创新经验 [M]. 杭州: 浙江工商大学出版社, 2019.

[38] 许明. B2B 服务中客户参与价值共同创造的研究 [D]. 上海: 复旦大学, 2008.

[39] 杨岑. 顾客参与、顾客体验与品牌认同的关系研究 [D]. 杭州: 浙江大学, 2011.

[40] 杨阳, 刘振宇, 夏小雪. 浅析虚拟社区人际互动对网络消费行为的影响 [J]. 大众商务, 2009 (4): 72-73.

[41] 姚山季, 王永贵. 顾客参与新产品开发及其结果影响的综述 [J]. 科技管理研究, 2011 (7): 221-224.

[42] 于洪彦. 顾客融入行为量表开发 [J]. 税务与经济, 2015 (5): 2-9.

[43] 郁建兴. 畅通双循环 构建新格局 [M]. 杭州: 浙江大学出版

社，2020.

[44] 张初兵. 网站感知互动性研究述评 [J]. 中国流通经济，2016，30（6）：117-127.

[45] 张初兵，吴波. 网站感知互动性研究述评 [J]. 中国流通经济，2016，30（6）：117-127.

[46] 张凤超，尤树洋. 顾客参与对顾客满意的影响路径："共同制造"视角下的实证研究 [J]. 东北师范大学报，2010，245（3）：38-42.

[47] 张辉，汪涛，刘洪深. 新产品开发中的顾客参与研究综述 [J]. 中国科技论坛，2010（11）：105-110.

[48] 张若勇，刘新梅，王海珍等. 顾客—企业交互对服务创新的影响：基于组织学习的视角 [J]. 管理学报，2010，7（2）：218-224.

[49] 张童. 网络创新社区在线评论对顾客参与创新的影响研究 [D]. 财经问题研究，2015（4）：124-128.

[50] 张文敏. 顾客参与的前因变量与结果效应——基于组织顾客的实证研究 [D]. 广州：华南理工大学，2012.

[51] 张紫屏. 课堂有效教学的师生互动行为研究 [D]. 上海：上海师范大学，2015.

[52] 赵宏霞. 关系营销、消费者体验与网购信任的建立与维系 [M]. 北京：中国社会科学出版社，2015.

[53] 郑燕芬. 基于智慧教室的小学互动教学模式研究 [D]. 广州：广州大学，2019.

[54] 钟振东，唐守廉. 商品主导逻辑与服务主导逻辑对比研究——基于顾客价值 [J]. 管理现代化，2013（6）：54-56.

[55] 周广澜，苏为华. 跨境电商：数字经济第一城的新零售实践

[M]. 杭州：浙江工商大学出版社，2020.

［56］周军杰. 线上线下互动、群体分化与知识共享关系研究——基于虚拟社区的实证分析［J］. 中国科学管理，2012，20（6）：185 – 192.

［57］周炜滢. 智慧教室环境下互动教学模型的建构与实践研究［D］. 杭州：杭州师范大学，2020.

［58］朱翊敏，于洪彦. 顾客融入行为与共创价值研究述评［J］. 管理评论，2014，26（5）：111 – 119.

［59］Alam I，Perry C. A Customer-oriented New Service Development Process［J］. *Journal of Services Marketing*，2002，16（6）：515 – 534.

［60］Algesheimer R，Dholakia U M. The Social Influence of Brand Community：Evidence from European Car Clubs［J］. *Journal of Marketing*，2005，69（3）：19 – 34.

［61］Alistair G Sutcliffe，Jennefer Hart. Analysing the Role of Interactivity in User Experience［J］. *International Journal of Human – Computer Interaction*，2016，33（3）：229 – 240.

［62］Ana Javornik，Andreina Mandelli. Behavioral Perspectives of Customer Engagement：An Exploratory Study of Customer Engagement with Three Swiss FMCG Brands［J］. *Journal of Database Marketing & Customer Strategy Management*，2012，19（4）：300 – 310.

［63］Anita Pansaril，Kumar V. Customer Engagement：the Construct，Antecedents，and Consequence［J］. *Journal of the Acad. Mark*，2017（45）：294 – 311.

［64］Anne E Keegan，Rodney Turner. The Management of Innovation in Project – Based Firms［J］. *Long Range Planning*，2002，35（4）：367 – 388.

［65］Arnould E. Animating the Big Middle ［J］. *Journal of Retailing*, 2005, 81 (2): 89 - 96.

［66］Babin B J, Darden W R, Griffin M. Work and/or Fun: Measuring Hedonic and Utilitarian Shopping Value ［J］. *Journal of Consumer Research*, 1994 (20): 644 - 656.

［67］Bastiat F, Stirling P J. *Harmonies of Political Economy* ［M］. London: Oliver and Boyd, 1860.

［68］Bendapudi N, Leone R P. Psychological Implications of Customer Participation in Co-production ［J］. *Journal of Marketing*, 2003 (67): 14 - 28.

［69］Berthon P, Pitt L F, Watson R T. The World Wide Web as an Advertising Medium: Toward an Understanding of Conversion Efficiency ［J］. *Journal of Advertising Research*, 1996: 36 (1): 43 - 54.

［70］Bijmolt T H A, Leeflang P S H, Block F, Eisenbeiss M, Hardie B G S, Lemmens A, Saffert P. Analytics for Customer Engagement. ［J］. *Journal of Service Research*, 2010 (13): 341 - 356.

［71］Borle S, Dholakia U M, Singh S S, Westbrook R A. The Impact of Survey Participation on Subsequent Customer Behavior: An Empirical Investigation ［J］. *Marketing Science*, 2007, 26 (5): 711 - 726.

［72］Boyle E. A Process Model of Brand Cocreation: Brand Management and Research Implications ［J］. *Journal of Product & Brand Management*, 2007, 16 (2): 122 - 131.

［73］Braun. Differentiating Customer Engaging Behavior by Targeted Benefits-an Empirical Study ［J］. *Journal of Consumer Marketing*, 2016, 33 (7): 528 - 538.

[74] Bruhn M, Schnebelen S, Schäfer D. Antecedents and Consequences of the Quality of E – Customer-to – Customer Interactions in B2B Brand Communities [J]. *Industrial Marketing Management*, 2014, 43 (1): 164 – 176.

[75] Chu S, Kim Y. Determinants of Consumer Engagement in Electronic Word of-mouth (eWOM) in Social Networking Sites [J]. *International Journal of Advertising*, 2011, 30 (1): 47 – 75.

[76] Constantin J A, Lusch R F. *Understanding Resource Management* [R]. Oxford: The Planning Forum, 1994.

[77] Dan Ariely. Controlling the Information Flow: Effects on Consumers' Decision Making and Preferences [J]. *Journal of Consumer Research*, 2000, 27 (2): 233 – 248.

[78] David Fortin, Ruby R Dholakia. Interactivity and Vividness Effects on Social Presence and Involvement with a Web-based Advertisement [J]. *Journal of Business Research*, 2005, 58 (3): 387 – 396.

[79] Dianwen Wang, Zhilin Yang, Zhihua Ding. Is Sociability or Interactivity more Effective for Enhancing Performance? Findings from a Massively Multiplayer Online Role – Playing Game [J]. *Journal of Interactive Marketing*, 2019 (48): 106 – 119.

[80] Ding Hooi Ting, Amir Zaib Abbasi, Sohel Ahmed. Examining the Mediating Role of Social Interactivity between Customer Engagement and Brand Loyalty [J]. *Asia Pacific Journal of Marketing and Logistics*, 2021, 33 (5): 1139 – 1158.

[81] Dong B, Evans K R, Zou S. The Effects of Customer Participation in Co-created Service Recovery [J]. *Journal of the Academy of Market-*

ing Science, 2008, 36 (1): 123-137.

[82] Eisenhardt, Kathleen M, Melissa E Graebner. Theory Building from Cases: Opportunities and Challenges [J]. *Academy of Management Journal*, 2007 (50): 25-32.

[83] Erik Bucy, Chen-Chao Tao. The Mediated Moderation Model of Interactivity [J]. *Media Psychology*, 2007, 9 (3): 647-672.

[84] Etgar M. A Descriptive Model of the Consumer Co-production Process [J]. *Journal of the Academy Marketing Science*, 2008, 36 (1): 97-108.

[85] Fan Yang, Fuyuan Shen. Effects of Web Interactivity: A Meta-Analysis [J]. *Communication Research*, 2018, 45 (5): 635-658.

[86] Gambetti R C, Graffigna G. The Concept of Engagement: A Systematic Analysis of the Ongoing Marketing Debates [J]. *International Journal of Market Research*, 2010, 52 (6): 801-826.

[87] Geissler G L. Building Customer Relationships Online: the Web Site Designers' Perspective [J]. *Journal of Consumer Marketing*, 2001, 18 (6): 488-503.

[88] Georgi, Mink. Ecciq: The Quality of Electronic Customer-to-Customer Interaction [J]. *Journal of Retailing & Consumer Services*, 2013, 20 (1): 11-19.

[89] Grönroos C. Service Logic Revisited: Who Creates Value? And Who Co-Creates? [J]. *European Business Review*, 2008, 20 (4): 298-314.

[90] Grönroos. *Service Management and Marketing* [M]. New York:

John Wiley & Sons, 2000.

[91] Guohua Wu. The Mediating Role of Perceived Interactivity in the Effect of Actual Interactivity on Attitude Toward the Website [J]. *Journal of Interactive Advertising*, 2005, 5 (2): 45 – 60.

[92] Guzel Rinatovna Eremeeva, Ismaeva Farida Khamisovna. Dialogic Communication between Teachers and Students as a Condition for Interaction of Subjects of the Higher School Educational Process [J]. *International Journal of Higher Education*, 2020, 9 (8): 46.

[93] Hirschman E C, Holbrook M B. Hedonic Consumption: Emerging Concepts, Methods and Propositions [J]. *Journal of Marketing*, 1982 (46): 92 – 101.

[94] Hollebeek L D. Demystifying Customer Brand Engagement: Exploring the Loyalty Nexus [J]. *Journal of Marketing Management*, 2011, 27 (7): 785 – 807.

[95] Hoyer W D. Consumer Cocreation in New Product Development [J]. *Journal of Service Research*, 2010, 13 (3): 283 – 296.

[96] Hsien – Cheng Lin, Chun – Ming Chang. What Motivates Health Information Exchange in Social Media? The Roles of the Social Cognitive Theory and Perceived Interactivity [J]. *Information & Management*, 2018, 55 (6): 771 – 780.

[97] Hung – Chang Chiu, Yi – Ching Hsieh, Yu – Chuan Li et al. Relationship Marketing and Consumer Switching Behavior [J]. *Journal of Business Research*, 2005 (58): 1681 – 1689.

[98] Jaakkola E, Alexander M. The Role of Customer Engagement Be-

havior in Value Co-creation: A Service System Perspective [J]. *Journal of Service Research*, 2014, 17 (3): 247 - 261.

[99] Jeeyun Oh. The Effect of Interactivity on Smokers' Intention to Quit: A linear or Curvilinear Relationship? [J]. *Computers in Human Behavior*, 2017 (75): 845 - 854.

[100] Jenny van Doorn, Katherine N Lemon, Vikas Mittal et al. Customer Engagement Behavior: Theoretical Foundations and Research Directions [J]. *Journal of Service Research*, 2010 (13): 253.

[101] Jianhua Yin, Shaoqing Shi. Social Interaction and the Formation of Residents' Low-carbon Consumption Behaviors: An Embeddedness Perspective [J]. *Resources, Conservation & Recycling*, 2021, 164 (1): 105 - 116.

[102] Jie Zhang. Can MOOCs Be Interesting to Students? An Experimental Investigation from Regulatory Focus Perspective [J]. *Computers & Education*, 2016 (95): 340 - 351.

[103] Ji Hee Song, George M Zinkhan. Determinants of Perceived Web Site Interactivity [J]. *Journal of Marketing*, 2008, 72 (2): 99 - 113.

[104] John E, Newhagen. Audience Scope and the Perception of Interactivity in Viewer Mail on the Internet [J]. *Journal of Communication*, 1995, 3 (45): 164 - 175.

[105] Joines J L, Scherer C W, Scheufele D A. Exploring Motivations for Consumer Web Use and Their Implications for E-commerce [J]. *Journal of Consumer Marketing*, 2003, 20 (2): 90 - 108.

[106] Joseph M Bonner. Customer Interactivity and New Product Per-

formance: Moderating Effects of Product Newness and Product Embeddedness [J]. *Industrial Marketing Management*, 2010 (39): 485 – 492.

[107] Jui – Hsiang Lee, Chang – Franw Lee. Extension of TAM by Perceived Interactivity to Understand Usage Behaviors on ACG Social Media Sites [J]. *Sustainability*, 2019, 11 (20): 23 – 57.

[108] Julius Schoenherr, Evan Westra. Beyond "Interaction": How to Understand Social Effects on Social Cognition [J]. *The British Journal for the Philosophy of Science*, 2019, 70 (1): 27 – 52.

[109] Kai – Yu Wang, Wen – Hai Chih, Li – Chun Hsu. Building Brand Community Relationships on Facebook Fan Pages: The Role of Perceived Interactivity [J]. *InternatIonaI Journa1 or Electronic Commerce*, 2020, 24 (2): 211 – 231.

[110] Katrien Verleye. Managing Engagement Behaviors in a Network of Customers and Stakeholders [J]. *Journal of Service Research*, 2013, 17 (1): 68 – 84.

[111] Kim J, LaRose R. Interactive E-commerce: Promoting Consumer Efficiency or Impulsivity? [J]. *Journal of Computer – Mediated Communication*, 2004, 10 (1).

[112] Kumar V. Undervalued or Overvalued Customers: Capturing Total Engagement Value [J]. *Journal of Service Research*, 2010, 13 (3): 297 – 310.

[113] Lance A. Bettencourt. Customer Voluntary Performance: Customers as Partners in Service Delivery [J]. *Journal of Retailing*, 1997, 73 (3): 383 – 406.

[114] Lanier C, Hampton R. Consumer Participation and Experiential Marketing: Understanding the Relationship between Cocreation and the Fantasy Life Cycle [J]. *Advances in Consumer Research*, 2008, 35 (1): 44 - 48.

[115] Linda D. Hollebeek, Lars Groeger, Lara Moroko. Capturing Value from Non - Paying Consumers' Engagement Behaviours: Field Evidence and Development of a Theoretical Model [J]. *Journal of Strategic Marketing*, 2016, 24 (3): 190 - 209.

[116] Ling Zhao, Yaobin Lu. Enhancing Perceived Interactivity through Network Externalities: An Empirical Study on Micro-blogging Service Satisfaction and Continuance Intention [J]. *Decision Support Systems*, 2012, 53 (4): 825 - 834.

[117] Linwan Wu. Website Interactivity May Compensate for Consumers' Reduced Control in E - Commerce [J]. *Journal of Retailing and Consumer Services*, 2019 (29): 253 - 266.

[118] Liu H, Ma W. Social Interaction and Family Capital Market Participation in the Internet Era [J]. *Internationl Finance*, 2017, 359 (3): 55 - 66.

[119] Liu N. An Empirical Study of the Impact of Social Networks on the Career Success of Enterprise Managers [J]. *Nankai Management Review*, 2007, 10 (6): 69 - 77.

[120] Liu Yuping. Developing a Scale to Measure the Interactivity of Websites [J]. *Journal of Advertising Research*, 2003, 43 (2): 207 - 216.

[121] Louisa Ha, E Lincoln James, Carol Lomicky, C B Salestrom. Interactivity Reexamined: A Baseline Analysis of Early Business Web Sites [J]. *Journal of Broadcasting & Electronic Media*, 1998, 42 (4): 457 - 474.

[122] Mano H, Oliver R. Assessing the Dimensionality and Structure of the Consumption Experience: Evaluation, Feeling, and Satisfaction [J]. *Journal of Consumer Research*, 1993 (20): 451-466.

[123] Matthing. New Service Development: Learning from and with Customers [J]. *International Journal of Service Industry Management*, 2004, 15 (5): 479-498.

[124] McDougall G H G, Levesque T. Customer Satisfaction with Services: Putting Perceived Value into the Equation [J]. *Journal of Services Marketing*, 2000, 14 (5): 392-410.

[125] McMillan S J, Hwang J S. Measures of Perceived Interactivity: an Exploration of the Role of Direction of Communication, User Control, and Time in Shaping Perceptions of Interactivity [J]. *Journal of Advertising*, 2002, 31 (3): 29-42.

[126] McMillan S J. The Researchers and the Concept: Moving Beyond a Blind Examination of Interactivity [J]. *Journal of Advertising*, 2005, 5 (2): 1-4.

[127] Merrilees B, Fry M. - L. E - trust: the Influence of Perceived Interactivity on E-retailing Users [J]. *Marketing Intelligence & Planning*, 2003, 21 (2): 123-128.

[128] Micah Murphy, C M Sashi. Communication, Interactivity, and Satisfaction in B2B Relationships [J]. *Industrial Marketing Management*, 2018 (68): 1-12.

[129] Minjung Park, Jungmin Yoo. Effects of Perceived Interactivity of Augmented Reality on Consumer Responses: A Mental Imagery perspective

[J]. *Journal of Retailing and Consumer Services*, 2020 (52): 1-9.

[130] Nambisan S, & Baron R. A. Interactions in Virtual Customer Environments: Implications for Product Support and Customer Relationship Management [J]. *Journal of Interactive Marketing*, 2007, 21 (2): 42-62.

[131] Nicholls R. New Directions for Customer-to-customer Interaction Research [J]. *Journal of Services Marketing*, 2010, 24 (1): 87-97.

[132] Pan, Yue. Online and Offline Patronage Behavior in a Retail Setting: Three Studies [D]. University of Georgia, 2003.

[133] Payne A F, Frow P. Managing the Co-creation of Value [J]. *Journal of the Academy of Marketing Science*, 2008, 36 (1): 83-96.

[134] Prahalad C K, Ramaswamy V. Co-Creation Experiences: The Next Practice in Value Creation [J]. *Journal of Interactive Marketing*, 2004, 18 (3): 5-14.

[135] Prahalad C K, Ramaswamy V. Co-Opting Customer Competence [J]. *Harvard Business Review*, 2000, 25 (1): 79-90.

[136] Rathmell, John M. What Is Meant by Services? [J]. *Journal of Marketing*, 1966 (30): 32-36.

[137] Reichheld F. Loyalty-based Management [J]. *Harvard Business Review*, 1993: 71 (2): 64-73.

[138] Rice R E. *New Media Technology: Growth and Integration* [M]//Rice R E. *The New Media: Communication, Research, and Technology*. Beverly Hills, CA: Sage Publications, 1984: 33-54.

[139] Roberts C, Alpert F. Total Customer Engagement: Designing

and Aligning Key Strategic Elements to Achieve Growth [J]. *Journal of Product and Brand Management*, 2010, 19 (3): 198 – 209.

[140] Roderick J. Brodie, Biljana Juric, Ana Ilic et al. Consumer Engagement in a Virtual Brand Community: An Exploratory Analysis [J]. *Journal of Service Research*, 2011, 17 (3): 1 – 20.

[141] Rothwell R, Freeman C, Horlsey A. Sappho Updated: Project Sappho Phase II. [J]. *Research Policy*, 1974, 3 (3): 204 – 225.

[142] Ruth Trinder. Informal and Deliberate Learning with New Technologies [J]. *ELT Journal*, 2017, 71 (4): 401 – 412.

[143] Sashi C M. Customer Engagement, Buyer-seller Relationships and Social Media [J]. *Management Decision*, 2012, 50 (2): 253 – 272.

[144] Schau H J, Muniz J A, Amould E J. How Brand Community Practices Create Value [J]. *Journal of Marketing*, 2009, 73 (9): 30 – 51.

[145] Shu – Hsien Liao, Yu – Chun Chung, Wen – Jung Chang. Interactivity, Engagement, Trust, Purchase Intention and Word-of-mouth: a Moderated Mediation Study [J]. *International Journal of Services Technology and Management*, 2019, 25 (2): 116 – 137.

[146] Shuiqing Yang, Hui Jiang, Jianrong Yao, Yuangao Chen. Perceived Values on Mobile GMS Continuance: A Perspective from Perceived Integration and Interactivity [J]. *Computers in Human Behavior*, 2018 (89): 16 – 26.

[147] Siddik Bozkurt, David M Gligor, Barry J Babin. The Role of Perceived Firm Social Media Interactivity in Facilitating Customer Engagement Behaviors [J]. *European Journal of Marketing*, 2021, 55 (4): 995 – 1022.

[148] Sohn D. Anatomy of Interaction Experience: Distinguishing Sensory, Semantic, and Behavioral Dimensions of Interactivity [J]. *New Media & Society*, 2011, 35 (8): 1320 – 1335.

[149] S Sreejesh, M R Anusree. Effects of Cognition Demand, Mode of Interactivity and Brand Anthropomorphism on Gamers' Brand Attention and Memory in Advergames [J]. *Computers in Human Behavior*, 2017 (70): 575 – 588.

[150] Stephen L. Vargo, Robert Lusch, Matthew O' Brien. Competing Through Service: Insights From Service – Dominant Logic [J]. *Journal of Retailing*, 2007, 83 (1): 5 – 18.

[151] Stephen L. Vargo, Robert Lusch. Why "Service"? [J]. *Journal of the Academy of Marketing Science*, 2008, 36 (1): 25 – 38.

[152] Stewart D W, Pavlou P A. From Consumer Response to Active Consumer: Measuring the Effectiveness of Interactive Media [J]. *Journal of the Academy of Marketing Science*, 2002, 30 (4): 376 – 396.

[153] Teo H H, Oh L B, Liu C, Wei K K. An Empirical Study of the Effects of Interactivity on Web User Attitude [J]. *International Journal of Human – Computer Studies*, 2003, 58 (3), 281 – 305.

[154] Teresa Fernandes. Customer Engagement and Loyalty A Comparative Study Services [J]. *Marketing Quarterly*, 2016, 37 (2): 125 – 139.

[155] Thaemin Lee. The Impact of Perceptions of Interactivity on Customer Trust and Transaction Intentions in Mobile Commerce [J]. *Journal of Electronic Commerce Research*, 2005, 6 (3): 165 – 180.

[156] Thomke S, Von Hippel E. Customers asInnovators: A New Way

to Create Value [J]. *Harvard Business Review*, 2002.

[157] Vargo S L, Lusch R F. Evolving to a New Dominant Logic for Marketing [J]. *Journal of Marketing*, 2004, 68 (1): 1 – 17.

[158] Vargo S L, Morgan F W. Services in Society and Academic Thought: An Historical Analysis [J]. *Journal of Macromarketing*, 2005 (25): 42 – 53.

[159] Vivek S D. *A Scale of Consumer Engagement (Doctoral dissertation)* [D]. Tuscaloosa: The University of Alabama, 2009.

[160] Wayne D H, Rajesh C, Matilda D. Customer Co-creation in New Product Development [J]. *Journal of Service Research*, 2010, 13 (3): 283 – 296.

[161] Weon – Sang Yoo, Yunjung Lee, JungKun Park. The Role of Interactivity in e-tailing: Creating Value and Increasing Satisfaction [J]. *Journal of Retailing and Consumer Services*, 2010 (17): 89 – 96.

[162] Xi Xu, Zhong Yao, Qing Sun. Social Media Environments Effect on Perceived Interactivity: An Empirical Investigation from WeChat Moments [J]. *Online Information Review*, 2019, 43 (2): 239 – 255.

[163] Yuping Liu – Thompkins, L. J. Shrum. What Is Interactivity and Is It Always Such a Good Thing? Implications of Definition, Person, and Situation for the Influence of Interactivity on Advertising Effectiveness [J]. *Journal of Advertising*, 2002, 31 (4): 53 – 64.

[164] Zeithaml V A, Berry L L. Parasuraman A. The Behavioral Consequences of Service Quality [J]. *Journal of Marketing*, 1996, 60 (2): 31 – 46.

N